汉语国际教育专业规划教材

汉字与汉字教学

〔美〕黄伟嘉 著

北京大学出版社
PEKING UNIVERSITY PRESS

图书在版编目(CIP)数据

汉字与汉字教学 /（美）黄伟嘉著. — 北京：北京大学出版社，2020.10
汉语国际教育专业规划教材
ISBN 978-7-301-31453-1

Ⅰ.①汉… Ⅱ.①黄… Ⅲ.①汉字–对外汉语教学–教学研究 Ⅳ.① H195.3

中国版本图书馆 CIP 数据核字 (2020) 第 130362 号

书　　名	汉字与汉字教学 HANZI YU HANZI JIAOXUE
著作责任者	〔美〕黄伟嘉　著
责任编辑	王铁军
标准书号	ISBN 978-7-301-31453-1
出版发行	北京大学出版社
地　　址	北京市海淀区成府路 205 号　100871
网　　址	http://www.pup.cn　　新浪微博：@北京大学出版社
电子邮箱	zpup@pup.cn
电　　话	邮购部 010-62752015　发行部 010-62750672 编辑部 010-62752028
印 刷 者	三河市博文印刷有限公司
经 销 者	新华书店 650 毫米 ×980 毫米　16 开本　17 印张　245 千字 2020 年 10 月第 1 版　2023 年 12 月第 3 次印刷
定　　价	48.00 元

未经许可，不得以任何方式复制或抄袭本书之部分或全部内容。
版权所有，侵权必究
举报电话：010-62752024　电子邮箱：fd@pup.cn
图书如有印装质量问题，请与出版部联系，电话：010-62756370

前言 Preface

  本书是国际汉语教学用书,为从事国际汉语教学的老师介绍基础汉字知识,提供常用汉字信息,分析汉字教学问题,讲述汉字教学方法。

  汉字学方面的书籍其实已经很多了,但大都是中文系用书,完全从国际汉语教学角度讲解汉字的并不多。国际汉语教学事业已有几十年的历史了,近年来更是蓬勃发展,并且走向世界各地,汉语教师的队伍也因此日益壮大。但是由于各种原因,很多从事国际汉语教学的老师并不是中文系毕业的,特别是海外的汉语教师。这些老师没有系统地学过汉语言文字学,汉字方面的知识比较欠缺,而汉字恰恰又是国际汉语教学中最重要也是最难的部分,所以有一本专门针对国际汉语教学的汉字学教材,应该是不多余的。

  因为专用于国际汉语教学,所以本书中的每一个章节都紧扣国际汉语教学,所有的讲解都从教外国学生学习汉字的角度出发。因为使用这本书的可能多是非汉语言专业出身的老师,所以书中的论述尽量浅显易懂,避开太专业的术语,减少纯理论的叙述,把一些难以理解的问题尽量简单化。书中所引古文例证和《说文解字》注释都是比较容易懂的,即便如此,也都做了现代汉语翻译或解说,个别非常容易的除外。

  汉字教学中最困难也最有用的当是字源的说解和汉字的形音义分析。本书在讲述各类问题时,尽可能多地提供常用汉字的例证,并对照古文字字形做形体分析,以方便老师理解,帮助教学使用。书中也列出了一些相关的甲骨文例,附有甲骨拓片,目的是给出一个真实的古文字环境,让学习者有一个实实在在的感觉。甲骨文例和拓片选用简单易懂的,也做了释文和翻译。

因为本书注重实用，所以与国际汉语教学关系不大的内容，略讲或者不讲，例如：古今字、通假字、汉字义序检字法、四角号码检字法、现代汉字"四定"，以及汉字信息处理等。而与国际汉语教学关系密切的，则讲解得比较详细，例如：汉字造字法与汉字教学、汉字发展演变与汉字教学、偏旁和部件与汉字教学、繁简字与汉字教学、现代汉字的非理据性说解与汉字教学，以及汉字文化与汉字教学等。

这本书今天能够出版，首先要特别感谢北京大学陆俭明老师，针对本书的初稿，陆老师给了我非常中肯的建议和指导，使书稿在后来的撰写中有了很大的改进。感谢陕西师范大学文学院王伟副教授，在书稿撰写过程中，王伟老师在古文字方面以及图片资料上给了我很多帮助。本书责编王铁军老师细致、认真，改正了书稿中的许多错误，并且在词语斟酌和行文梳理上为本书增色不少。

本书的编写过程中，参考吸收和引用了许多专家学者的研究成果，在书中的脚注和后面的参考书目里都已做了说明，这里再次表示感谢！若有遗漏，还请谅解。在国外写这类书，资料信息比较缺乏，尤其是新近发表出版的相关论著，加之本人水平所限，疏漏不当之处，还请读者和专家指正。

目录 Contents

第一章 国际汉语教学与汉字教学 ·· 1
 第一节 国际汉语教学中的汉字教学概述 ····················· 3
 第二节 国际汉语教材中的汉字教学问题 ····················· 12

第二章 汉字产生与汉字教学 ·· 19
 第一节 汉字产生问题概述 ··· 21
 第二节 汉字产生知识在汉字教学中的应用 ················· 32

第三章 汉字性质与汉字教学 ·· 37
 第一节 汉字性质概述 ··· 39
 第二节 汉字性质理论在汉字教学中的应用 ················· 44

第四章 汉字造字法与汉字教学 ·· 49
 第一节 汉字造字法概述 ··· 51
 第二节 汉字造字法在汉字教学中的应用 ····················· 69

第五章 汉字发展演变与汉字教学（上） ···························· 79
 第一节 甲骨文、铜器铭文、战国文字、小篆概述 ············ 81
 第二节 甲骨文、铜器铭文、战国文字、小篆知识在汉字教学中的应用 ··· 107

第六章　汉字发展演变与汉字教学（下）……………………115
- 第一节　隶书、草书、楷书、行书概述……………………117
- 第二节　隶书、草书知识在汉字教学中的应用…………125

第七章　汉字的偏旁、部首、部件、笔画与汉字教学……………131
- 第一节　偏旁、部首、部件、笔画概述……………………133
- 第二节　偏旁、部首、部件、笔画在汉字教学中的应用……150

第八章　汉字的繁简与汉字教学………………………………171
- 第一节　繁简字概述…………………………………………173
- 第二节　汉字教学中的繁简字问题及应对方法…………178

第九章　汉字的异体、异音、异义与汉字教学………………187
- 第一节　异体字、异音字、异义字概述……………………189
- 第二节　汉字教学中的异体字、异音字、异义字问题及应对方法……………………………………………202

第十章　汉字的错认、错读、错写、错打与汉字教学…………213
- 第一节　错认、错读、错写、错打概述……………………215
- 第二节　汉字教学中的错认、错读、错写、错打问题及应对方法……………………………………………222

第十一章　现代汉字与汉字教学………………………………229
- 第一节　现代汉字概述………………………………………231
- 第二节　现代汉字在汉字教学中的问题及应对方法……234

第十二章　汉字文化与汉字教学 **247**
　　第一节　汉字文化概述 249
　　第二节　汉字文化在汉字教学中的应用 253

第一章

国际汉语教学与汉字教学

第一节　国际汉语教学中的汉字教学概述

一、国际汉语教学中汉字难学的问题

在国际汉语教学中，相对于语音、语法来说，汉字是最费力的。汉字难学是外国学习者尤其是非汉字文化圈的外国学习者的普遍看法，他们认为要学会由横竖线条叠置交叉构成的形状各异的汉字，要会认、会读、会写几千个这样的汉字简直不可思议。

汉字难学的名声让许多对汉语有兴趣的外国学生望而生畏，但也有人想试一试到底有多难，结果学了很短时间就知难而退了。在美国大学常遇见这样的学生，学了一个学期就不学了，问他们学习的动机和不学的原因，回答就如同上面所说。当然也有许多人继续学习汉语，但能一直坚持下来的并不多。美国大学汉语学生人数从低年级到高年级呈金字塔状，固然有各种原因，但汉字难学是主要原因。我们在多年教学中也看到，凡是努力了，成绩仍然不好的，都是汉字这方面拉低了分数。

汉字真的难学吗？约翰·德范克（John DeFrancis，1984）在对比了中文、英文和法文的发音后说："对于母语是英语的人，学习说中文并不比学习说法语难，但是最大的困难是中文传统的书写系统。"[①]约翰·德范克教授是美国汉学家和语言学家，他编写了很多汉语教材，其中被称作"DeFrancis系列"的耶鲁大学出版的一套12册初、中、高级教材，"在20世纪70年代和80年代里，是汉语教室最广泛使

---

① John DeFrancis（1984）*The Chinese Language: Fact and Fantasy*.p.52. Honolulu: University of Hawaii Press.

用的资源"。①

汉字难学是不争的事实，但是学习汉语又不能不学汉字，尤其在国外。于是解决汉字难学的问题，就成了许多国际汉语教师几十年来努力的目标。

二、解决汉字难学问题的几种教学模式

几十年来，为了解决国际汉语教学中汉字难学的问题，为了让汉语学习走出汉字难学的困境，国际汉语教学的老师们在汉字教学模式上做了许多研究和探索，其中最主要的是在"听说读写"和"认读和书写"这两个方面，下面我们做一个简单的介绍。

1. 与"听说读写"有关的教学模式

与"听说读写"有关的教学模式大致有"先语后文""语文并进""拼音汉字交叉出现""听说读写分别设课"等几种。

（1）"先语后文"，是在入门阶段先不教汉字，只教口语，在学生掌握了几百个生词以后，才开始学习汉字。李培元、任远（1986）说："1950年，对外国学生的汉语教学刚开始，我们用的基本上是'先语后文'的办法。在五六个月内，学生只接触拼音，不接触汉字，在学生掌握了几百个生词以后，才开始同时学习汉字。试验一个学年以后，我们认为：这种方法虽然在初学阶段分散了难点，但是后期学生在学新词的同时，既要学新的汉字，又要补学旧的汉字，实际上是集中了难点。……经过总结，我们认为这种做法弊多利少，便否定了这个办法。"②

---

① 德范克教授的朋友们撰写，吴文超译（2009）追念John DeFrancis教授，《语文建设通讯》第92期。

② 李培元、任远（1986）汉字教学简述，载孙德金主编《对外汉字教学研究》230—231页，商务印书馆2006年。

（2）"语文并进"，是听说和读写同时进行，在学习课文和语法的同时，进行听、说训练和认字、写字。刘珣（2000）说："其优点是汉字在一定的语境（课文、句子和词）中学习，有利于掌握汉字的意义和用法；每学一个新字总是形音义紧密结合，避免学习者忽视或记不住汉字。"[①]李培元、任远（1986）说："这样做的好处是：第一，较早地教汉字，符合学生的心理要求，因为他们深知，在中国学习，必须学会汉字；其次，每天均衡地学十几个汉字比临时大量突击记得牢固；第三，应当把听、说、读、写看作有机联系的整体，从它们的相互联系、相互促进上来认识它、把握它。"[②]"语文并进"还有一个优点，通过"语文并进"，学生能尽早地接触汉字、书写汉字，能用汉字写简单的邮件、小作文等，会有一种成就感，从而产生继续学习的动力。事实上，长期以来，国内的初级汉语教学基本上都是采用"语文并进"、随文识字的方法，而国外大学因为课时所限，"语文并进"教学模式更是汉语教学的不二选择。

但是"语文并进"模式也有两个难以解决的问题。一是前面说过的，外国学生特别是非汉字圈的学生在听、说、读、写四个技能中，"写"的困难最大，"写"学不好就会影响整个汉语学习的进度，汉字难写是一些人放弃汉语学习的主要原因。二是"语文并进"教材中每一课的汉字源于课文的词汇，词汇取决于课文的话题，一般来说，综合型的汉语教材注重交际功能，课文大都是从"问好""家庭""朋友""爱好""问路""吃饭""购物""看病"等一步步展开。这样的话题和课文，必然会使得一些笔画多、结构复杂的字先出，笔画少、结构简单的字后出；合体字先出，组成合体字的独体字后出。这样，学习者就不能依照"先易后难，先简后繁，先独体后合体"的汉字规律来

---

① 刘珣（2000）《对外汉语教育学引论》372页，北京语言文化大学出版社。

② 李培元、任远（1986）汉字教学简述，载孙德金主编《对外汉字教学研究》230—231页，商务印书馆2006年。

学习了。最典型的例子是"好"先出,"女、子"后出;"吗"先出,"口、马"后出,"请"先出,"言、青"后出;"谢"先出,"言、身、寸"后出;"您"先出,"亻、尔、心"后出。本来学生的听说读写进度就不平衡,难字、繁字先出,加剧了这种不平衡。

(3)"拼音汉字交叉出现",是说课文中只出现这一课要教的和前面学过的汉字,没有学过的字则以拼音的形式出现。李培元、任远(1986)说:"这种办法最主要的好处是可以有控制、有计划地出现汉字。可以按字形构成的规律,先出组字能力很强的独体字,再出形体结构比较简单的合体字,最后再出结构复杂的字。……但至少有两个问题不好解决:一个是组字能力很强的独体字并不容易先出来,因为它们有的不是常用词。例如'尔''贝'等,很难在'你''货'之前出现。再一个是常用词中的合体字,例如'一张纸''一张桌子'的'张',如果一定要等'弓''长'都出来以后再出,学生只看到'张'的拼音,总看不到汉字,也是一个缺欠。"[①]也正是由于这个原因,几十年来很少有人用这种方法,不过在美国前几年还有人编写了这样的教材。[②]

(4)"听说读写分别设课",是把口语和读写分别设课、分开教学。语音阶段(两周)只出现拼音,不出现汉字,课上除教拼音方案外,主要是听说训练。语音阶段结束后开始增加读写课,听说课和读写课的比例为三比一。听说课前期的教材以拼音为主,同时出现读写课上学过的汉字,或用拼音为生字注音;后期的教材,则过渡到全部使用汉字。这种做法的优点是明显的,可以加强听说练习,有计划地出现汉字。问题是两种相对独立的课如何相互联系、紧密配合。如果处理不

[①] 李培元、任远(1986)汉字教学简述,载孙德金主编《对外汉字教学研究》229—233页,商务印书馆 2006 年。

[②] 罗云、何宝璋、陈珮嘉、叶萌(2010)*The Routledge Course in Modern Mandarin Chinese*, London and New York: Routledge Press.

好，容易产生相互脱节的现象。①

2. 与"认读和书写"有关的教学模式

既要采用"语文并进"的模式，又要解决汉字难的问题，于是有人提出了"认写分流"的做法，就是把认读汉字和书写汉字分开来，其中包括"先认后写""多认少写"和"只认不写"等。

（1）"先认后写"是说在汉字教学中认读和书写分两步走，初级阶段只要求学生听、说、读，让学生先认识汉字，会读汉字，等有了初步的阅读能力后，再教他们书写汉字。这样做的好处是分散开始学习汉字的困难，减轻学生的压力，提高教学的效率。缺点是不写字必然会减弱对汉字的记忆，学习的效果就会受影响，而且到了后面开始教写字时，因为字量多而增加了学生的压力。

（2）"多认少写"是说教学中汉字认读的分量大，书写的分量少，这样可以减轻学生写的负担。在多年的海外教学中，我们认为"多认少写"是具有可行性的一种模式。但是有两个问题要清楚：一、"多认少写"是在每一课的生词表中标明其中一部分是必写的呢，还是附加一篇阅读课文，只要求认读，不要求会写？二、划分认读和书写的标准是什么？是字词的难易度，还是字（语素）的组词能力？抑或只是为了增加识字量？

我们曾经做过一些尝试，在《学习汉语与文化》中每一课文后附加一篇阅读课文，阅读课文只要求认读，不要求书写。见《学习汉语与文化》"前言"：

> 4. 每一课的生词数量有严格控制，正课文每一课比前一课多1个生词，全书从第一课的30个生词均匀地增加到第二十二课的51

---

① 李培元、任远(1986)汉字教学简述，载孙德金主编《对外汉字教学研究》229—233页，商务印书馆2006年。

个生词。正课文共有生词891个,上册第一课至第十一课385个,平均每一课35个;下册第十二课至第二十二课506个,平均每一课46个。阅读课文的生词不定量,但每一课生词不超过正课文的生词量。本书采用"多认少写"的教学模式,正课文生词要求学生会认会写,阅读课文生词学生会认就行。[①]

《学习汉语与文化》是中级汉语教材,划分认读和书写的标准虽然也考虑字词的难易度,但更主要的是识字量。而初级教材,字词的难易度和字的组词能力当是第一选择。

阅读课文以增强阅读能力、扩充识字量为目的,因为不出现新的语法,学生靠给出的生词表就能读懂。阅读课文生词不要求书写,不在考试范围,学生比较喜欢。见《学习汉语与文化》"前言":

7. 每一课后都有相应的阅读课文,阅读课文内容与正课文有关,例如:第七课"中国人口与计划生育"的阅读课文是"独生子女",第十一课"中国年和压岁钱"的阅读课文是"舞龙舞狮子",第十四课"家家有老人"的阅读课文是"老人的娱乐与锻炼"。阅读课文尽可能地复现前面课文的语法点及生词,其实,无论是正课文还是阅读课文,语法和词语注释还是作业练习,都尽可能地重复出现学过的语法和生词。阅读课文属泛读性质,不出现新的语法点,学生根据生词就能读懂。

"多认少写"之所以有可行性,还因为近些年来人们日常生活中认字的重要性远远大于写字。由于电脑的普及和手机的广泛使用,手写汉字的机会越来越少,大小文章多是用电脑打出,微信、短信多是用拼音输入。很多学校在初级阶段就允许学生用电脑做作业,还有的中文教材直接开发了网上做作业的功能,这样一来,不要说一般人,就是学习

---

① 黄伟嘉、敖群(2019)《学习汉语与文化》,香港中文大学出版社。

汉语的学生，书写汉字的分量也少了很多。美国何文潮等2007年编写了一套新型汉语教材——《走向未来：新中文教程》，提出"听、说、读、打、写"，把电脑"打"列入汉语教学中。教材的"前言"说："其指导思想是初学阶段（第一册）学生以电脑输入汉字为主，手写为辅。"[1]

对于"多认少写"，我们的看法是，初级阶段还是要保证一定的书写量，最基本的常用汉字需要一笔一画地写出来，特别是字形中含有常用偏旁和常用部件的字。教师在开学之时就要给学生灌输学汉语必须写汉字的理念，电脑打字不宜太早，打字虽然有利于初级阶段学习，但是一开始就少了手写的练习，会形成记忆上的缺失，影响汉字的积累，到了中高级阶段，就会感到后续无力，容易半途而废。

（3）"只认不写"是说汉字只学认读，不学书写。关于这个问题，宋连宜（2000）说：在国际汉语教学中"只重认读不求书写"是可行的。[2]钟梫（2006）也提出"只需要认汉字的学生是否一定要写汉字"的问题。[3]我们认为"多认少写"是可以的，但是"只认不写"不可以，学汉字如果一个字都不写，只是认读，能够记住的汉字数量一定有限，而且记忆强度一定不够。民谚"眼过十遍，不如手过一遍"是有道理的，手写了，才会有深刻的印象，才会记住形近字的细微差别，才会明白相似部件的不同之处，才会记住偏旁在字形中的正确位置。自古以来，中国学童都是把一个个的字十遍百遍地抄写，这种传统的方法能够延续下来，必定有它合理之处。

---

[1] 何文潮、焦晓晓、邵秋霞、李克立（2007）《走向未来：新中文教程》，美国波士顿剑桥出版社（Boston Cheng & Tsui Company，USA）。

[2] 宋连宜（2000）汉语教学中只重认读不求书写的可行性，《第六届国际汉语教学讨论会论文选》115—119页，北京大学出版社。

[3] 钟梫（2006）十五年（1950—1965年）外国留学生汉语教学总结，《钟梫对外汉语教学初探》7—8页，北京语言大学出版社。

在教学中还有学生提出"只学听说，不学读写"，他们知道汉语很有意思，他们的同学也在学习，但是也听说汉字很难学，于是就问有没有单纯的听说课，能不能"只学听说，不学读写"。对于这个问题，回答当然也是不可以。赵金铭（2002）说："实际上也不乏只需要某种技能的学习者，如有的学习者，他们只要求学习'说汉语'和'听汉语'，而不求识汉语，既不识字也不能阅读，自然也就更不能书写。这培养出来的是会说汉语的'文盲'。"[1]我们的经验是，在国外大学的课堂上学生要想只学听说，不学读写，没有成功的可能，也就是说，在国外连"文盲"都做不了。

"文盲"的形成是要有一个语言环境的，"文盲"在一定语言环境中积累词汇，通过交流模仿学习语法规则和标准句式，久而久之成就了他们听说的能力。但是在美国这种非汉语的语言环境中，大学汉语课每星期只有3至5个小时，一学期只有13个星期，一年差不多只有100个小时接触汉语，出了教室就是英语的世界。没有足够的时间学习，没有真实的情景练习，没有随时随地可以模仿、可以自我纠正的听说环境，学过的内容很快就会忘记。而且，没有课本的帮助，只凭脑子是很难记住日益增多的词汇、句式和语法的。

所以，在非目的语的环境里，在正常的教学计划中，在有限的时间内，鹦鹉学舌般地记一些词语和句子的学习方式，基本上是无疾而终的。到头来能记得住，也说得流利的只有"你好""谢谢""再见"了。苏立群（2009）说："在国外，不学汉字不可能让学生把汉语学下去，只有要学汉字的学生才能学下去。"[2]我们前面一开始就说"学习汉语又不能不学汉字，尤其在国外"，就是这个道理。

---

[1] 赵金铭（2002）"说的汉语"与"看的汉语"，载赵金铭主编《汉语口语与书面语教学——2002年国际汉语教学学术研讨会论文集》8—19页，北京大学出版社2004年。

[2] 见彭泽润、潘文国(2010)"词本位"还是"字本位"有利于汉语语言学？——第一届"汉语独特性理论与教学国际研讨会"学术观点综述，《通化师范学院学报》第9期。

相比之下,"听、说、读、写"四个方面都学习的学生,由于可以得到在认读和书写中不断增加的词汇的帮助,通过阅读和书写强化句式和语法的记忆,反而能够巩固并提高听说的水平。

陆俭明(2016)指出:"教汉语、学汉语必须过好'汉字关'。"[1]李宇明(2013)说:"大量事实表明,国际学生能否提高汉语水平,能否坚持把汉语学下去,要看他们能否掌握汉字。不能掌握汉字的学生最终会放弃汉语。"[2]都是很有见地的。

在国际汉语的汉字教学模式讨论中,也有学者有不同的看法。江新(2008)说:"中国国内现行的汉字教学的主要模式可以概括为'两个同步':一是'语文同步',二是'认写同步'。但是这种汉字教学模式的效果并不理想,特别是对于那些母语使用拼音文字的西方学习者来说,'语文同步'和'认写同步'的汉字教学模式,常常使不少学习者在汉字学习面前感到困难重重。汉字学习问题已经成为他们学习的'瓶颈'。……我们认为,针对西方学习者的汉字教学模式应该改革,变'两个同步'为'两个分离',即'语文分离''认写分离'。更准确地说,要突破西方学习者汉字学习这个'瓶颈',汉字教学要走'先语后文''先认后写、认写分流、多认少写'的道路。"[3]李泉(2020)也有这方面的论述:"'语文并进'不是汉语教学最优模式。……'语文分开'是汉语独有的教学模式。"[4]不过江新和李泉说的是国内的汉语教学,国内汉语教学课时长,师资强,这样做是可以的。前面说了,国外大学因为课时所限,"语文并进"教学模式是汉语教学的不二选择。

---

[1] 陆俭明(2016)教汉语,学汉语对汉语要有这样的认识,《双语教育研究》第6期。
[2] 李宇明(2013)重视汉字教学——序《汉语国际传播研究理论与方法》,《汉语国际传播研究》(第1辑),商务印书馆。
[3] 江新(2008)《对外汉语字词与阅读学习研究》128页,北京语言大学出版社。
[4] 李泉(2020)新时代对外汉语教学研究:取向与问题,《语言教学与研究》第1期。

为了让汉语走向世界，许多老师一直努力地寻找最佳的教学方法，"语文同步""认写同步"和"语文分离""认写分离"，究竟哪一种模式可以有效地降低西方学习者学习汉字的难度，还希望有进一步的研究报告出来。但是不管采用哪一种模式，学习汉字都是一道必须迈过去的坎儿，不管这坎儿有多难。陆俭明（2017）说："汉语教学中必须重视汉字教学，这样才能真正确保汉语走向世界。"[①]

第二节　国际汉语教材中的汉字教学问题

一、国际汉语教材的汉字教学模式

长期以来，国内外传统汉语教材的汉字教学基本上采用的都是"词本位"的教学模式。1989年，法国学者白乐桑在《汉语语言文字启蒙》中提出了"字本位"教学法，其后，国际汉语教学界在汉语教材的汉字教学问题上出现了"词本位"和"字本位"的讨论。下面我们简单介绍一二。

1."词本位"简介

"词本位"就是在国际汉语教学中把词作为基本单位。李彤（2005）说："词本位教学主张者认为：在现代汉语里，词是最小的独立运用的单位，它们或者仅由一个语素构成，或者是语素的组合。所以，对外汉语教学应该以词为基本单位。词本位教学主张在汉语第二语言教学领域属于传统观念，由来已久。它和汉语第二语言教学几乎是同时产生的。在很长一段时间里，它的表现形式为：词语选择以语法教学

---

① 陆俭明（2017）汉语教学必须重视汉字教学，《汉语国际教育学报》（第一辑），科学出版社。

内容和课文内容为主要依据；词语注释采取的也多是一对一或一对多的英汉互译和借助词典解释两种方式。"她还说："因为人的语言交际基本过程都是在词的基础上实现的，因此作为言语输入的语言教学也应该以词为单位来进行。"①

国际汉语教学发展到今天，国内外基本上都是"词本位"的教学方式，即在课文后面生词表中列出词语，包括单音节和多音节词语，然后用学习者的母语对译出来，不对多音节词语的"字（词素）"做分解，以英语国家的汉语课本为例：

"饭店"的注释是"restaurant"，不讲解组成"饭店"的"饭"和"店"。

"书店"的注释是"bookstore"，不讲解组成"书店"的"书"和"店"。

"花店"的注释是"flowershop"，不讲解组成"花店"的"花"和"店"。

"药店"的注释是"pharmacy"，不讲解组成"药店"的"药"和"店"。

"商店"的注释是"shop"，不讲解组成"商店"的"商"和"店"。

"教授"的注释是"professor"，不讲解组成"教授"的"教"和"授"。

"教室"的注释是"classroom"，不讲解组成"教室"的"教"和"室"。

"词本位"的生词表只是外语对译，既不分解组成词语的"字（语素）"义，也不讲解词语的构成方式，这样学生只能是孤立地学习每一个词语。因为不明白词语的"字（语素）"义，所以学生不会利用字

---

① 李彤（2005）近十年对外汉语词汇教学研究中的三大流派，《语言文字应用》增刊。

（语素）的构词功能，触类旁通地学习相关词语。例如：这一课学了"药店"，如果老师不讲解"店"的含义，学生即便前面学了"饭、书、花"，也不会明白"饭店、书店、花店"的含义。

2. "字本位"简介

与"词本位"相对的是后来出现的"字本位"。顾名思义，"字本位"就是在国际汉语教学中把字作为基本单位。"字本位"教学法是法国的白乐桑先生提出的。白乐桑在《汉语语言文字启蒙》（1989）简介中说："本教材在总体设计上力图体现汉字与词关系这一特点，循汉语之本来面目进行教学，故本教材可称为'字本位教学法'。"具体做法是列出400常用字，教材用字限制在400字内，每一课有生词表，有汉字表，汉字表除了注音、释义，还列出该字的扩展词语。课文在生字表后面还有帮助记忆的书写笔顺、部件拆分与结构组合，以及古文字字形字源。

《汉语语言文字启蒙》的教学模式引入中国后，受到国际汉语教学界的关注与重视，不少学者发表评论表示赞赏。不过也有不同的看法，李彤（2005）认为这样的"字本位"并不是真正意义上的"字本位"，叫作"单音词本位"或"语素本位"也许更确切一些。"从理论上看，汉字是表意文字，是形音义的结合体。作为汉语的载体，它的音和义是汉语语素音与义的反映，只有形才属于汉字本体。在汉语的书面作品中，字与语素或词的对当关系是不平衡不整齐的，由于同音借用字的存在，同一语素写两个字和不同语素写一个字的现象并不少见。因此在教学中严格区分'字''词''语素'的关系十分必要，否则就会使学习者在学习汉语的过程中只学习字形，认为汉语的词只是两个形体的拼合，不考虑语义内容。长此则达不到词语教学的目的。因此，我们认为还是取消'字本位'教学法概念比较好。"[1]还有老师在使用了这本书

---

[1] 李彤（2005）近十年对外汉语词汇教学研究中的三大流派，《语言文字应用》增刊。

后指出其不足之处，蔡炜浩（2017）说教材存在着偏废交际能力、过于追求字词比、部分词语收录不当的问题。①

我们认为《汉语语言文字启蒙》的"字本位"理念，对改变以往的汉字教学模式有积极推动作用，值得称赞，但是作为初级汉语教材仍然不能很好地解决汉字教学难的问题。

徐通锵（1991）也提出过"字本位"的说法，但是他的"字本位"和国际汉语的汉字教学的"字本位"不是一回事，陆俭明（2011）说："徐通锵先生是就汉语本体及汉语语法研究说的。……白乐桑先生则是就汉语作为第二语言教学说的。"②徐通锵的"字本位"理论提出后，学界有人同意，有人质疑，因为属于语法范畴，我们这里不做讨论。

二、编写有助于海外汉字教学的汉语教材

从国际汉语教学开始到今天，出版的国际汉语教材成百上千，林林总总，但是真正从有助于汉字教学角度编写的汉语教材寥寥无几，尤其是海外。以美国为例，目前还没有一本在讲授语音、语法的同时，科学有效地进行汉字教学的汉语教材，我们这里说的是传统的"语文并进"模式的教材。

美国和国内汉语教学的不同主要在课时上，国内大学学期长，一学期18周左右；每周课时多，一周有20节以上，而且来华学生大都是专门学习汉语的，所以除了基础汉语课以外，还有口语课、听力课、阅读课、汉字课等，也都有相应的教材。而美国大学中文课一星期只有3~5节，一学期只有13周；学生除了中文课以外，还要上数学、物理、经济等其他专业课。

美国大学要求中文课在有限的课时里完成语音、语法、词汇等教

---

① 蔡炜浩（2017）《汉语语言文字启蒙》小议，《现代语文》第6期。
② 陆俭明（2011）我关于"字本位"的基本观点，《语言科学》第3期。

学任务，因此汉语教学模式和教学方法受到很大限制，几乎所有大学的汉语基础课都是单一的"语文并进"的教学模式，没有口语课、听力课、阅读课，更没有专门的汉字课，教材也只有综合性的汉语教材一种类型。

几十年来，美国大学汉语基础课的教材不多，除了个别大学自己编写、内部使用的以外，常见的只有姚道中等《中文听说读写》、吴素美等《中文天地》、何文潮等《走向未来：新中文教程》，以及刘珣主编的《新实用汉语课本》等，这些教材都是"语文并进"的模式，没有把汉字教学作为重点。就像前面讲的那样，"语文并进"的模式中，汉字来自词汇，词汇出自课文，课文受制于语法和话题，没有从汉字本身规律出发，从易到难、从独体到合体、从简单到复杂、循序渐进地进行汉字教学，而且缺乏字与字之间在字义和字音上的系联和相互印证。所以，一直以来，汉字难学是美国汉语教学一道难以迈过的坎儿。

在海外的汉语教学领域里，美国是第一重镇，美国很多大学都开设汉语课程，而且学生也非常多。我所在的波士顿大学，每学期在中文项目下注册的学习汉语及汉语相关课程的学生都在300人以上，一水之隔的哈佛大学、麻省理工学院也都是二三百人。大波士顿地区50所大学，如布兰代斯大学、塔夫斯大学、东北大学、波士顿学院、卫斯理学院等都设有汉语课，都有不少人在学。

美国教汉语的大学很多，学习汉语的学生也很多，但是教学方式和教材模式多年来因循守旧，没有变化，这主要是大学课时少的原因。如果想要在无法改变课时和教学方式的前提下，让美国汉语教学迈过汉字这道坎儿，大概只有一个办法，就是编写一套在讲授语音、词汇、语法的同时，能科学有效地进行汉字教学的汉语教材，也就是在"语文并进"的教学模式下，在"词本位"的基础上，融合"字本位"理念的综合性汉语教材。2012年我曾经谈过这方面的想法[①]，但时至今日，还没有见到合适的教材出现。

本章小结

汉语难学的主要原因是汉字难学。为了解决国际汉语教学中汉字难学的问题，从20世纪50年代开始，从事国际汉语教学的老师们就做了很多探索和研究，希望能找出一个解决汉字难学的方法。但是在尝试了很多方法之后，人们基本上还是在沿用传统的"语文并进"的教学模式。在汉字教学模式上，我们认为"多认少写"是可行的，而其他方式都有难以克服的缺陷。20世纪90年代末，法国白乐桑先生的"字本位"教学法传入中国，引起人们的关注，也引起了争论。到目前为止，大多数综合性的国际汉语教材仍采用传统的"词本位"教学方式。美国的大学由于课时少，教学模式单一，汉字难学是一道难以迈过的坎儿，希望能有一本在讲授语音、词汇、语法的同时，能科学有效地进行汉字教学的汉语教材，帮助改变这种现状。

思考题

1. 为什么国际汉语教学一直使用"语文并进"的教学模式？
2. 你觉得"语文分离"的教学模式可行吗？
3. 如何在"词本位"教学模式中做好汉字教学？
4. 你认为怎样能解决国际汉语教学中汉字难学的问题？
5. 你认为什么样的汉语教材有助于汉字学习？

---

① 黄伟嘉（2012）改变美国大学汉字教学难的重要途径——关于汉语教材中汉字学习内容编写的思考，《国际汉语》第2辑，中山大学出版社。

参考书目

顾安达、江新、万业馨（2007）《汉字的认知与教学》，北京语言大学出版社。

江新（2008）《对外汉语字词与阅读学习研究》，北京语言大学出版社。

刘珣（2000）《对外汉语教育学引论》，北京语言文化大学出版社。

孙德金主编（2006）《对外汉字教学研究》，商务印书馆。

赵金铭（2004）《对外汉字教学概论》，商务印书馆。

第二章

汉字产生与汉字教学

第一节　汉字产生问题概述

一、汉字产生的时间

　　汉字从最早的萌芽期到成熟经历了一个相当长的过程。人们现在普遍认为，河南安阳殷墟发现的约3500年前的商朝晚期甲骨文是目前见到的最早的有系统的成熟的文字。说它是有系统的成熟的文字，是因为它已经具有了基本词汇、基本语法和基本字形结构，能够完整地记录语言。高明（1996）说："现代汉语语法中的一些基本特征，在商代甲骨文中已经形成，诸如名词、代词、动词、形容词、副词、连词、介词、数词、量词等各种词类，甲骨文中均已产生；各种词类在句子中的作用和位置也基本相同。"[1]陈五云（1996）说："我们已知甲骨文是迄今发现的最早的成熟的汉字系统。说它成熟，是因为它的每个字符都与语言的词或音节相对应，与现代汉字体系有着完整对应的传承关系。"[2]下面我们试着读几个简单的甲骨文片，这几片的内容是关于下雨的（图2-1—图2-5）。

---

[1]　高明（1996）《中国古文字学通论》246页，北京大学出版社。
[2]　陈五云（1996）汉字的起源和形成，《上海师范大学学报》（哲学社会科学版）第3期。

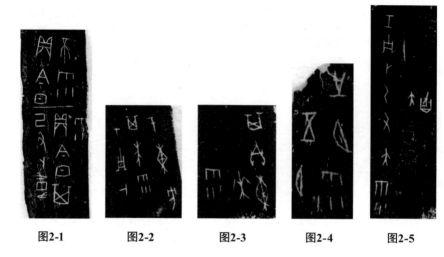

图2-1　　　图2-2　　　图2-3　　　图2-4　　　图2-5

图2-1：己丑卜，韦贞，今日其雨。贞，今日不雨。——己丑日占卜，贞人韦问，今天会下雨吗？贞问，今天不下雨吗？（合集12053）

图2-2：甲子卜，其祷雨于东方。——甲子日占卜，将祷雨于东方。（合集30173）

图2-3：其自东来雨。——雨是从东边过来吗？（合集12870）

图2-4：之夕雨。五月。——这天晚上下雨。五月。（合集12578）

图2-5：壬子卜，乙又大雨。大吉。——壬子日占卜，乙日有大雨。大吉。（合集30057）

　　这几个甲骨文句中有名词、动词、形容词、代词、数词、副词、介词；有主语、谓语、宾语、定语、状语、补语。高明（1996）说："商代甲骨文除以主动宾为主体的简单句以外，还有复合句。"[①]

　　从字形结构来看，殷墟甲骨文也已具有后世所说的象形、指事、会意、形声等造字方式，这一点我们在后面"汉字造字法与汉字教学"一章里介绍。

　　除了殷墟甲骨文以外，人们还发现了一些更早的文字，例如：4000多年前山西襄汾陶寺龙山文化遗址中陶器上的文字[②]（图2-6），4800多

[①] 高明（1996）《中国古文字学通论》256页，北京大学出版社。

[②] 李健民（2001）陶寺遗址出土的朱书"文"字扁壶，《中国社会科学院古代文明研究中心通讯》第1期。

年前山东莒县凌阳河大汶口文化遗址中陶器上的文字[①]（图2-7），5000多年前的浙江平湖庄桥坟良渚文化遗址中陶器和石器上的文字[②]（图2-8），更早的还有6300多年前西安半坡仰韶文化遗址陶器上的文字[③]（图2-9）以及同时期的临潼姜寨陶器上的文字[④]（图2-10）。

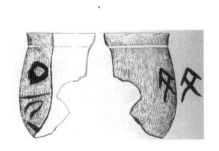

图2-6　襄汾陶寺象形文字

图2-7　莒县凌阳河象形符号

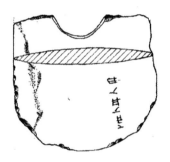

图2-8　平湖庄桥坟象形文字

[①] 山东省文物管理处、济南市博物馆（1974）《大汶口》117—118页，文物出版社。

[②] 徐新民、梅亚龙、张蜀益、杨根文（2013）平湖庄桥坟遗址发现良渚文化原始文字，《中国文物报》2013年6月21日。

[③] 中国科学院考古研究所、陕西省西安半坡博物馆（1963）《西安半坡》197页，文物出版社。

[④] 临潼姜寨新石器时代遗址的新发现，《文物》1975年第8期。王志俊（1980）关中地区仰韶文化刻画符号综述，《考古与文物》第3期。

图2-9 西安半坡刻画符号　　图2-10 临潼姜寨刻画符号

这些字分为两类,一类是刻画成几何形的线条,或称作"几何符号";一类是描画成实物的图形,或称作"象形符号"。由于它们大多孤立不成句,而且形体简单,所以是不是文字一直有争论。认为是文字的学者说它们是原始文字,并对其中一些字做了释读,例如:李健民(2001)认为陶寺的 ✖ 是"文"①;李学勤(1985)认为陵阳河的 ⊏ 是"斤"、 ⊓ 是"戌"、 ⊙ 是"炅"、 ⊕ 是"炅山"②;于省吾(1973)认为半坡的 ￥ 是"玉"、 ┳ 是"示"、 ￥ 是"屮"(草), ￥ 是"阜"③;李孝定(1986)认为姜寨的 ✖ 是"岳"④。

认为不是文字的学者说:"半坡等地出土陶器上的符号,常被人们作为汉文字起源的证据,认为某一符号就是后来的某字。……我们认为,这些几何形符号像其他原始记事方法一样,对后世文字发明有一定的影响,但本身绝不是文字。"它们是"为标明个人所有权或制作时的某些需要而随意刻划的"。而陶器上的图形标记,即那些象形符号"还不能说就是文字,就目前材料来看,它们属于图画记事性质。……因为真正的文字要从表音开始,是能够记录语言的符号。陶器上这几个孤立

---

① 李健民(2001)陶寺遗址出土的朱书"文"字扁壶,《中国社会科学院古代文明研究中心通讯》第1期。
② 李学勤(1985)《古文字学初阶》20页,中华书局。
③ 于省吾(1973)关于古文字研究的若干问题,《文物》第2期。
④ 李孝定(1986)再论史前陶文和汉字起源问题,《汉字的起源与演变论丛》195—196页,联经出版事业股份有限公司。

的图形，还不能证明这一点"。它们只是"代表个人或氏族的形象化的图形标记"。①

商代晚期的甲骨文已经是能够记录语言的成熟的文字，那么，它是什么时候成为成熟文字的呢？《尚书·多士》说："惟殷先人，有册有典。"（殷人的祖先，已经有书册，有典籍。）这句话说明商朝早期已经有成熟的文字了。那么，再往前追溯呢？由于缺乏确切的资料，人们只能从文献记载和社会发展的进度以及商代晚期甲骨文的发展水平来推测。周祖谟（1988）说："商代的文字已经是很发达的文字了，最初产生文字的时代必然远在商代以前，那就是夏代或更早于夏代。距今当在四五千年以上，应当在新石器时代。"②裘锡圭（2013）说："原始汉字可能开始出现于公元前第三千年中期。到公元前三千年末期，随着夏王朝的建立，我国正式进入阶级社会。统治阶级为了有效地进行统治，必然迫切需要比较完善的文字，因此原始文字改进的速度一定会大大加快。夏王朝有完整的世系流传下来这件事，就是原始文字有了巨大改进的反映。汉字大概就是在这样的基础上，在夏商之际（约在前1600年前后）形成完整的文字体系的。"③

二、汉字产生的方式

讨论汉字产生的方式，要从最早的商代甲骨文说起。在前面列举的甲骨文字中，我们可以看到许多字都有着很明显的图画意味，许多字就像它所表示的那个事物的形状。例如：图2-1的 丫（卜）像占卜时龟甲

---

① 王宁生（1981）从原始记事到文字发明，《考古学报》第 1 期。
② 周祖谟（1988）汉字，《中国大百科全书·语言文字》196 页，中国大百科全书出版社。
③ 裘锡圭（2013）《文字学概要》（修订本）34 页，商务印书馆。

上的裂纹，▱（日）像太阳，⼞（雨）像落雨。图2-2的 ᛨ（東）像一个两头扎起来的橐囊。图2-3的 ᛝ（自）像人的鼻子。图2-4的 ☽（月）像半个月亮。图2-5的 𠆢（大）像一个正面站立的人。我们再看几个甲骨文片。

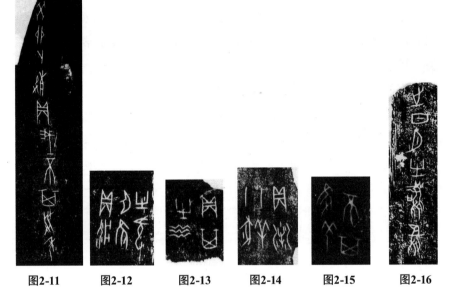

图2-11　　图2-12　　图2-13　　图2-14　　图2-15　　图2-16

图2-11：癸卯卜，㱿贞，我不其受年。——癸卯日占卜，贞人㱿问，我们不会得到收成吗？（合集9710）

图2-12：贞，疾耳，隹㞢它。——贞问，耳朵有病，是有祸害吗？（合集13630）

图2-13：贞，其㞢灾。——贞问，会有灾害吗？（合集17205）

图2-14：贞，沉十羊十豭。——贞问，祭祀时沉十头羊十头猪吗？（合集16191）

图2-15：不其隻羌。——大概不会捕获羌人吧？（合集217）

图2-16：之日，夕㞢鸣鸟。——这天，晚上有鸟鸣。（合集17366反）

图2-11的 ᚂ（我）像一把带锯齿的大刀。图2-12的 ᛝ，像人的耳朵。图2-13的 ≋，像洪水泛滥。图2-14的 ᛉ，像羊头。图2-15的 𠆢，像戴着羊角头饰的羌人。图2-16的 ᛒ，像一只鸟。有些字不仅

表现事物的静态，也表现事物的动态，图2-11的 ⿰, 上面一只手，下面一只手，中间一个物件，意思是接受或者授予。图2-12的 ⿰，像一个人躺在床上出汗，意思是正在生病。图2-14的 ⿰，像一头牛在水里，意思是牛沉入水中。图2-15的 ⿰，像一只手抓着一只鸟，意思是抓获。图2-16的 ⿰，像一只张着嘴的鸟和一个口，意思是鸣叫。

周祖谟（1988）说："（甲骨文）现在能认识的字有2000多个，还有些字我们还不认识。从已经认识的字来看，很明显汉字是从图画发展而来的。由图画而变为笔画简单的文字，再由笔画简单的文字进一步创制大量的新的文字。"[①]

甲骨文里的这些有着明显图画意味的字和前面山东莒县凌阳河大汶口陶器上的象形符号以及其他的象形符号是一脉相承的。

甲骨文字除了有明显的图画意味外，还有一些刻画符号的痕迹。刻画符号主要是数字和指事字，例如：前面图2-14的数字 丨（十）和下面图2-17的数字 ═（二）、≡（四）、Ⅹ（五）、八（六）、十（七）、）(（八）、⺄（九），以及图2-18的方位词 ⌒（上）、⌒（下）等。

[①] 周祖谟（1988）汉字，《中国大百科全书·语言文字》196页，中国大百科全书出版社。

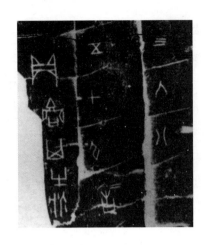 

图2-17　　　　　　　　　　　图2-18

图2-17：贞，畐其㞢疾，四五六七八九。二告。——贞问，畐大概有病了吧？四五六七八九。二告。（合集13757）

图2-18：癸酉卜，争贞，王勿逆𠯑方，下上弗若，不我其受（佑）。——癸酉日占卜，贞人争问，王不要正面迎战𠯑方，上下不顺，我们大概不会受到保佑吧？（合集6201）

　　这些刻画符号跟前面讲的西安半坡和姜寨的刻画符号也是一脉相承的。杨五铭（1986）说："如果把仰韶文化和大汶口文化的刻画符号看作是汉字的萌芽，距今已有五六千年的历史了。原始汉字的主要源头是图画，在形成为汉字的过程中曾吸收了一些刻画符号。"[1]所以，完整地说，汉字产生于图画和一些刻画符号。

　　在世界文字发展史上，曾经也有过其他古老的文字，如苏美尔人的楔形文字（图2-19）、古埃及的圣书字（图2-20）、中美洲的玛雅文字（图2-21），它们也都源于图画和刻画符号，和汉字并称世界四大古文字。这三种古文字产生的时间有的比甲骨文早，有的比甲骨文晚，但是都早已消亡。

---

[1] 杨五铭（1986）《文字学》48页，湖南人民出版社。

第二章 汉字产生与汉字教学

图2-19 苏美尔人的楔形文字

图2-20 古埃及的圣书字

图2-21 玛雅文字

关于汉字产生，古书上还记载了几种传说。

1. 结绳说

《周易·系辞》："上古结绳而治，后世圣人易之以书契。百官以治，万民以察。"（古代先民用绳子打结来记事，后来的圣人改用书契记事，取代结绳记事。百官用它管理政务，百姓用它来明察事物。）结绳是文字出现之前人们用绳子打结，根据绳结记事的一种方法。这种方法在古埃及、古波斯、古秘鲁、古代日本，以及中国一些少数民族中都曾经使用过（图2-22）。有学者说甲骨文、铜器铭文中的 ▮（十）、⋃（廿）、⋓（卅）、⋕（卌）等字取象于结绳。三十年为一世的 ⋓（世）字，也是间接取象于结绳的。[1]

---

[1] 杨五铭（1986）《文字学》38页，湖南人民出版社。宋均芬（2005）《汉语文字学》54页，北京大学出版社。

图2-22　古秘鲁人的结绳记事

2. 八卦说

汉孔安国《尚书序》:"古者伏羲氏之王天下也,始画八卦、造书契,以代结绳之政,由是文籍生焉。"(古代伏羲氏统治天下的时候,开始画出八卦,造出文字,用来代替结绳记事的方法,从此产生了文章典籍。)八卦是一套具有象征意义的线条状的符号,八卦使用连线"—"代表阳,用断线"--"代表阴,用三条阴阳不一的符号组合成八种形式(图2-23)。有学者说甲骨文、铜器铭文中就有八卦的符号,[①]也有学者认为甲骨文中的数字跟八卦占筮用的算筹有关,说:"从甲骨文的数字看,八以内的数似乎都是用一至四根算筹摆成的。"[②]

[①] 张政烺(1980)试释周初青铜器铭文中的易卦,《考古学报》第4期。詹鄞鑫(1991)《汉字说略》38页,辽宁教育出版社。

[②] 宋均芬(2005)《汉语文字学》51页,北京大学出版社。

图2-23　八卦

1．父戊卣　2．商方卣　3．效父簋　4．中游父鼎
5．董伯簋　6．召卣　7．中簋　8．殷墟陶簋
9．殷墟四盘磨出土　10、11 丰镐出土

图2-24　考古发现的商周卦符[①]

3. 仓颉造字说

《韩非子·五蠹》："昔者仓颉之作书也，自环者谓之私，背私谓之公。"（古时候仓颉造字，把向着自己环绕的叫作"私"，与"私"相背的叫作"公"。）这是说汉字是仓颉造的，是怎么造的。《说文解字·叙》："黄帝之史仓颉，见鸟兽蹄迒之迹，知分理之可相别异也，初造书契。"（仓颉是黄帝的史官，看见鸟兽足迹，知道不同印记可以区别不同的东西，于是开始创造文字。）这是说仓颉是怎么想起来造字的。

由结绳和八卦产生的线条可能和汉字中一些数字及少数指事字有关，在汉字形成过程中被吸收进去，但是如果说汉字产生于这些简单的刻画符号，则不大可能。

至于仓颉，我们知道作为记录语言的文字不会是某一个人创造出来的，不过在远古时期，文字主要掌握在史官、巫师等少数人手中，仓颉为黄帝史官，在文字产生之初可能做过一些收集、整理、统一的工作，所以古书上有仓颉造字一说。《荀子·解蔽》："故好书者众矣，而仓

[①] 引自詹鄞鑫（1991）《汉字说略》38页，辽宁教育出版社。

颉独传者，壹也。"（所以喜欢文字的人很多，而只有仓颉传下来，因为他专注于此道。）宋均芬（2005）说："在汉字从原始状态过渡到较为规范的文字的过程中，仓颉起了重大独特的作用。"[1]仓颉造字的传说和上面推算的汉字起源的时间大致相符，宋均芬说："仓颉造字说，是一种有价值的传说。"[2]

第二节　汉字产生知识在汉字教学中的应用

汉字产生的相关知识和汉字教学有着密切的关系，掌握了汉字产生的知识，明白汉字产生于图画，就可以解释为什么古老的汉字看起来都像是一幅幅的图画，为什么现代汉字有些字形和所表示的事物比较接近，例如："白日"的"日"、"月亮"的"月"、"树木"的"木"、"流水"的"水"、"眼目"的"目"、"耳朵"的"耳"、"小鸟"的"鸟"等。在教学安排上就可以从这一类字引入汉字学习。

吕必松（2007）说："现行汉字是由古汉字发展而来，跟古汉字相比，形体已发生了很大的变化。但是汉字形体的变化是渐变，现行汉字的形体仍可溯源，从古汉字中找到自己的影子。"[3]

对于现代汉字依旧保留有原先图画痕迹的字，教学中可以对照所表示的事物图形，同时引入古文字形体，帮助学生理解和记忆，也能引起他们的学习兴趣。下面是与现代汉字形体相似的一些甲骨文字。

——火，像燃烧的火。

---

[1] 宋均芬（2005）《汉语文字学》68页，北京大学出版社。
[2] 同上书，67页。
[3] 吕必松（2007）《汉语和汉语作为第二语言教学》148页，北京大学出版社。

〳〳——水，像流动的水。

——禾，像成熟的庄稼。

——云，像一朵云彩。

☰——气，像天上的云气。

——人，像侧立的人。

——女，像叉手跪坐的女人。

——小，像微小的沙粒。

——戈，像带横刃的长柄武器。

——贝，像海贝。

——行，像街道。

——又，像手的侧面。

——目，像眼睛。

——心，像心脏。

——齿，像上下两排牙齿。

——身，像腹部突出的身体。

——高、——京、——宫，像高大的建筑。

在汉语教学的第一堂课，介绍汉字的历史，讲解汉字产生于图画，也应该介绍世界上曾经存在过的其他古文字，如苏美尔人的楔形文字、古埃及的圣书字、中美洲的玛雅文字等，告诉学生这些古老的文字也都是源于图画和刻画，不过它们都早已经消亡，如今世界上，汉字是唯一经历了几千年现在仍然使用的文字。通过与其他古文字的对比，让外国

汉字与汉字教学

学生了解汉字是一种古老的文字、一种神奇的文字、一种充满着魅力的文字。汉字历史悠久，保留了丰富的中国古代文化信息，这一点在后面第十二章有详细论述。在汉语教学之初，讲解汉字的产生和汉字的历史，可以让外国学生对汉字产生兴趣，进而喜欢汉字，愿意学习汉字。

本章小结

汉字从萌芽到成熟是一个长期的过程，甲骨文是目前见到的最早的有系统的成熟的文字，其成熟时间大约在夏商之际的公元前1600年左右。说它是有系统的成熟的文字，因为它已经具有了基本词汇、基本语法和基本字形结构，能够完整地记录语言。甲骨文每个字符都与语言的词或音节相对应，与现代汉字体系有着完整对应的传承关系。汉字是由图画演变而来的，其中也吸收了一些刻画符号。史书还记载有结绳说、八卦说、仓颉造字说等传说。现代汉字是由古汉字发展而来，跟古汉字相比，形体已发生了很大的变化。但是汉字形体的变化是渐变，现代汉字的形体有些仍可溯源。汉字教学应该掌握汉字产生的相关知识，利用现代汉字仍然存留的图画痕迹，借助甲骨文等古文字讲解一些古今形体相近的汉字。教学初始对比讲解汉字和其他消亡的古文字，可以让外国学生对汉字产生兴趣，喜欢汉字，愿意学习汉字。

思考题

1. 汉字是什么时候产生的？
2. 为什么说殷墟甲骨文是有系统的成熟的文字？
3. 汉字是怎么产生的？

4. 你认为"结绳说""八卦说""仓颉造字说"跟汉字产生有关系吗?
5. 如何利用汉字产生的知识帮助汉字教学?

参考书目

裘锡圭(2013)《文字学概要》(修订本),商务印书馆。

高明(1996)《中国古文字学通论》,北京大学出版社。

宋均芬(2005)《汉语文字学》,北京大学出版社。

王凤阳(1989)《汉字学》,吉林文史出版社。

杨五铭(1986)《文字学》,湖南人民出版社。

第三章

汉字性质与汉字教学

第一节　汉字性质概述

一、有关汉字性质的几种说法

汉字最早起源于图画，可以见形知义，于是有人说汉字是表意文字；甲骨文时期汉字大量地被同音假借，于是又有人说汉字是表音文字；三千多年的发展演变，特别是隶变以后，大多数的汉字是由表意和表音两部分组成的，于是又有人说汉字是意音文字。

1. 汉字是表意文字

《辞海》"表意文字"条下说："用一定体系的象征性符号表示词或词素的文字，不直接或不单纯表示语音。"[1]一些高等院校的《现代汉语》教材也说汉字是表意文字，黄伯荣、廖序东（1983）说："汉字是表意体系的文字。世界上的文字基本上可以分为两大类：一类是表音文字（字母文字），一类是表意文字（非字母文字）。汉字是表意体系的文字，同表音文字有本质的区别。"[2]邓志瑗（2008）说："表意文字使用一些特定的符号直接表示词或词素的意义，我们的汉字就是这样。"[3]

这里所说的"词素"就是"语素"，吕叔湘（1985）把文字分为三类，他说："第三类文字是语素文字，它的单位是字，不是字母，字是有意义的。汉字是这种文字的代表，也是唯一的代表。汉字以外的文字

---

[1] 辞海编辑委员会（1980）《辞海·语言文字分册》26页，上海辞书出版社。
[2] 黄伯荣、廖序东（1983）《现代汉语》（修订本）161页，甘肃人民出版社。
[3] 邓志瑗（2008）《中国文字学简说》（第二版）3页，江西人民出版社。

都只是形和音的结合，只有汉字是形音义三结合。"①

2. 汉字是表音文字

人们在释读甲骨文时，发现许多字所表示的含义跟它的形体没有关系，例如：代词 ᚐ（我）像一把带锯齿的大刀，介词 ᚑ（自）像一个人的鼻子，代词 ᚒ（之）像一只脚在地面上，方位词 ᚓ（东）像一个橐囊。我们再看一下前面图2-1的甲骨文例：

己丑卜，韦贞，今日其雨。贞，今日不雨。

这片甲骨上有10个字，除了"卜、日、雨"以外，"己、丑、韦、贞、今、其、不"这七个字的形体和它们所表示的含义都不相符，例如：

"ᚔ"（己）像绳索之形，这里借用作天干第六位。

"ᚕ"（丑）像手爪之形，这里借用作地支第二位。

"ᚖ"（韦）像脚在城邑外，意思是守卫城邑，这里借用作人名。

"ᚗ"（贞）像食器鼎的形状，这里借用作占卜时的询问。

"ᚘ"（今）像内有舌的木铎形，这里借用作时间名词。

"ᚙ"（其）像簸箕形，这里用作语气副词。

"ᚚ"（不）像朝下的花托，这里借用作否定副词。

这七个字都是借用读音相同或相近的字来表达含义的，形体和所表达的字义没有关系。由于甲骨文这种借音表意的字很多，于是有学者认为古代汉字是表音文字，说："古代汉字，就其文字符号的来源说，

---

① 吕叔湘（1985）汉语文的特点和当前的语文问题，《语文学习》第5期。

也就是从其构形原则来说，它是从象形符号发展而来的；但是，从它的发展阶段来说，它已经脱离了表意文字的阶段，而进入到了表音文字的阶段。"①借用同音字表意的字叫作"假借字"，刘又辛（2000）说："甲骨文中假借字最多，是商代文字中的主要因素。甲骨卜辞中假借字约在70%以上，使用频率更高。""甲骨文按文字发展的阶段来看，应属于表音文字的初期阶段。"②

3. 汉字是意音文字

甲骨文以后，形声字发展迅速，由甲骨文时期的23%，到西周末期的50%，再到春秋战国之际的75～80%。③现代80%以上的汉字是由形符和声符组成的，形符表意，声符表音。因为现代汉字具有表意和表音的功能，于是又有了汉字是"意音文字"的说法。周有光（1957）说："综合运用表意兼表音两种表达方法的文字，可以称为'意音文字'（ideo-phonograph）。汉字就是意音文字之一种。""从甲骨文到现代汉字，文字的组织原则是相同的，也就是说，我们的文字在有记录的三千年中间始终是意音制度的文字。古今的不同只是在形声字的数量和符号体式的变化上。"④

此外，一个汉字是一个音节，张志公认为汉字是音节文字，他说："汉语是一种非形态语言。在汉语里，没有用某个音素表示某一种或某几种语法范畴的形态标志这种现象。因此，汉语在实际使用中只需要表示音节（包括单元音或复元音形成的音节）的符号，不需要只表示音素的符号。汉字是音节文字而不是音素文字，与汉语的非形态性相适

---

① 吉林大学古文字研究室（1979）古文字研究的现状与展望，《古文字研究》（第一辑）19—20页，中华书局。

② 刘又辛（2000）《汉语汉字答问》74、77页，商务印书馆。

③ 万业馨（2007）试论汉字认知的内容与途径，《汉字的认知与教学——西方学习者汉字认知国际研讨会论文集》88页，北京语言大学出版社。

④ 周有光（1957）文字演进的一般规律，《中国语文》第7期。

应。"①

也有学者说："一个汉字基本上代表一个语素。从语音上说，一个汉字又表示一个音节。因此综合上述理由，我们建议把汉字定名为音节-语素文字。"②

二、从历史阶段看汉字的性质

从历史来看，汉字在初始阶段是表意文字。甲骨文中有许多纯粹表音的假借字，但这种现象主要在甲骨文时期。甲骨文以后，许多假借字添加区别意义的形符而成为形声字。而且假借字本身借用的是表意文字的形体，并不像其他表音文字那样用字母拼写声音。王蕴智（1986）说："所谓表音文字实质上指的是拼音文字制度，其根本特点就是完全摆脱了表意符号的约束，用一套字母来拼写声音，用声音来表达语言中词的意义。这套字母本身笔画结构简单，且不带任何含意，人们只要掌握了字母所代表的声音和拼写法，就可以掌握由它所组成的全部文字。"③所以即便是假借字比较多的甲骨文时期，汉字也不是表音文字。

现代汉字绝大多数是由表意形符和表音声符组成，所以现代汉字的性质是意音文字。汉字进入隶楷阶段以后，形体产生了很大变化，象形意味减弱很多，一些形符和声符失去了表意和表音的功能，成为只有识别作用的记号，所以也有学者把现代汉字称作"意符音符记号文字"。④

---

① 张志公（1998）汉字与阅读，《张志公自选集》731 页，北京大学出版社。
② 尹斌庸（1983）给汉字"正名"，《中国语文通讯》第 6 期。
③ 王蕴智（1986）汉字为意音文字证说，《许昌师专学报》第 1 期。
④ 裘锡圭（2013）《文字学概要》（修订本）15 页，商务印书馆。

三、汉字的特点和汉字与汉语的关系

有关汉字的特点和汉字与汉语的关系，下面引用陆俭明老师的一段文章来说明：

> 用来记录汉语的汉字是一种古老的文字系统。汉字的独特性主要体现在哪里？前人对汉字研究得很多很多，然而基本都只关注于汉字的形、音、义。这当然是应该的，必要的，无可非议。但是，有一个很重要的问题似没去深入研究，那就是世界上的古老文字，并不是只有汉字一个文字系统，已知的还有苏美尔人的楔形文字、古埃及的圣书字和中美洲的玛雅文字，而且都源于图画和刻画，那么为什么只有汉字能沿用至今并仍具有很强的生命力？要认识汉字的独特性，首先要回答好这个问题。
>
> 要回答这个问题，需要从下面四个方面去进行思考——
>
> 第一个方面，汉语自身的特点。说到汉语的特点，过去说得多的是"汉语是'非形态语言'"。这不错，但还有一个很大的、与我们所熟悉的语言所不同的一个特点，那就是汉语每个音节都有意义，而且每个音节一般不只表示一个意义。试想，要记录这样的语言最好使用什么样的文字系统？
>
> 第二个方面，汉字的特点。汉字是基于被称为横、竖、点、提、撇、捺、钩、折等笔画，依据笔画的多寡和笔画组合的不同而相区别的书写符号系统；每个汉字一个音节，几乎每个汉字都表示意义。从总体上来看，汉字是形、音、义融于一体的书写符号。
>
> 第三个方面，汉字与汉语的关系。显而易见，像汉字这样的书写符号系统太符合汉语的需要了。汉字在字音上可以不受汉语的地域不同和历史变化的影响，它可以超越方言、超越古今，不受时间、空间的限制，使它跟属于"非形态语言"的汉语形成极为和谐的关系，从而使汉语尽管有复杂多样的方言，但在书面语上能一直

保持统一,从而确保汉语在长期的发展中能稳定地延续。不言而喻,汉字对维护汉语的一致性,使汉语不被分化为不同的语言,对增强中华民族的凝聚力,对维护中国的统一,立下了丰功伟绩。如今汉字又成了维系全球华人的主要纽带。

第四个方面,文字与语言接口的特点。就文字与语言的接口来看,汉语与其书写符号汉字的接口跟英语、俄语等那样的形态语言与其书写符号的接口迥然不同。汉语与其书写符号汉字的接口在音节上,不在音素上;而英语、俄语等那样的形态语言跟其书写符号的接口则在音素上。因此英语、俄语等那样的形态语言适合运用基于字母的音素文字系统,而汉语适合运用基于笔画的形、音、义融于一体的汉字的文字系统。①

第二节 汉字性质理论在汉字教学中的应用

汉字性质虽然是一个理论性问题,但是与汉字的实际教学有着密切的关系。万业馨(2004)说:"有关汉字性质的讨论是汉字研究的一个重要内容。不少人觉得它是个与对外汉语教学各项具体安排相去甚远的理论性问题。事实上,教学过程中的每一项设计背后都有设计者的指导思想(即他对事物的理性认识)。试想,如果教师自身连汉字是什么样的文字都不清楚,又怎么谈得上让学生正确地认识汉字呢?因此,有关汉字性质的讨论与教学可谓密切相关,汉字教学的内容与重点的确定往往取决于对汉字性质的认识。"②

---

① 陆俭明(2018)汉字的独特性与中华文化之海外传播,《民俗典籍文字研究》(第二十二辑),商务印书馆。
② 万业馨(2004)从汉字研究到汉字教学,《世界汉语教学》第2期。

一直以来，人们对汉字的印象是表意文字，所以在教学上往往注重传统的根据字形说义，没有从读音上给予足够的重视。李大遂（2001）说："从汉字表达语言的方法看，隶变前的汉字大体上是表意文字体系，隶变以后的汉字已经转变为意音文字体系。但是，在汉字教学和汉字研究实践中，重意轻音自古以来就是主要倾向。重意轻音的重要表现，就是重视表意偏旁的教学和研究，轻视表音偏旁的教学与研究。"[1]

李香平（2006）说："对汉字性质的深入讨论，有助于我们深入了解、正确认识汉字尤其是现代汉字的特点。在汉字教学中，不同的汉字性质观有其相应的应用领域，都能对汉字教学尤其是汉字教学法产生积极作用。"[2]

也就是说，掌握汉字性质知识，就可以有针对性地进行教学。

早期汉字是表意文字，前面也讲了，汉字产生于图画，所以对于现代汉字中的象形字、指事字、会意字，主要从"意"的方面入手，从形体上讲解字义。

现代汉字是意音文字，大多数字由表意偏旁和表音偏旁组成，所以在汉字教学总体设计上，要采用适应意音文字的教学方法，从一开始就让学生了解现代汉字的性质，让他们能够最大限度地利用汉字的特征，从意和音两个方面学习汉字。例如：教学时把同形旁"氵"的"海、河、湖、沟、酒、汤、泪、汗、流、淌"等字系联起来讲解字义，说明它们都跟水有关系；把同声旁"胡"的"湖、糊、煳、蝴、葫、瑚、醐、猢、鹕"等字系联起来讲解字音，它们的读音都是hú。同时告诉学生，有的形旁也可以用作声旁，例如："马"在"骑、驾、驶、闯"中用作形旁表意，在"妈、吗、骂、码"中用作声旁表音。要让学生知道

---

[1] 李大遂（2001）略论汉字表音偏旁及其教学，载孙德金主编《对外汉字教学研究》132页，商务印书馆2006年。

[2] 李香平（2006）《汉字教学中的文字学》8页，语文出版社。

现代汉字的构成大都是有规律、有理据的。把同偏旁（形旁或声旁）的字系联起来讲解，可以提高学习效率，减少学生对汉字的畏惧心理。不过，在讲解时要注意由于词义转移造成形旁不表义和由于语音变化造成声旁不表音的问题。

本章小结

汉字源于图画，早期的汉字是表意文字。甲骨文中有很多借同音字表意的假借字，但仍然不是表音文字。甲骨文以后许多假借字转为形声字，形声字发展迅速，占现代汉字的80%以上，现代汉字是形旁表意、声旁表音的意音文字。汉字进入隶楷阶段以后，形体发生了很大变化，一些形符和声符成为记号。在国际汉语教学中，老师应该了解汉字性质，这样可以在宏观上确定正确的汉字教学理念，制定合适的教学计划。老师尤其要注意现代汉字读音方面的教学，此外还应该了解汉字与汉语的适应关系。

思考题

1. 关于汉字的性质，有哪几种说法？
2. 为什么说早期汉字是表意文字？
3. 为什么说现代汉字是意音文字？
4. 为什么汉字能沿用至今并仍具有很强的生命力？
5. 怎样利用汉字性质理论帮助汉字教学？

参考书目

吕叔湘（1987）《语文近著》，上海教育出版社。

裘锡圭（2013）《文字学概要》（修订本），商务印书馆。

苏培成（2001）《二十世纪的现代汉字研究》，书海出版社。

刘又辛（2003）《汉语汉字答问》，商务印书馆。

万业馨（2012）《应用汉字学概要》，商务印书馆。

第四章

汉字造字法与汉字教学

第一节　汉字造字法概述

在第二章、第三章中我们讲到，"象形、指事、会意、形声、假借"这些名称属于汉字造字法。古人对当时的汉字结构进行分析后，归纳出来六种造字方法，称为"六书"。

一、"六书"名称和顺序

"六书"一语最早见于战国《周礼》，《周礼·地官·保氏》："保氏：掌谏王恶，而养国子以道，乃教之六艺：一曰五礼，二曰六乐，三曰五射，四曰五御，五曰六书，六曰九数。"保氏是负责劝谏国王，同时用道艺教导贵族子弟的官吏。这句话里只有"六书"的总名称，没有具体内容。

到了汉代，有了比较详细的论述。《汉书·艺文志》："古者八岁入小学，故周官保氏掌养国子，教之六书，谓象形、象事、象意、象声、转注、假借，造字之本也。"郑众《周礼·地官·保氏》注："六书，象形、会意、转注、处事、假借、谐声也。"

许慎的《说文解字·叙》说得最为详细："周礼八岁入小学，保氏教国子，先以六书：一曰指事，指事者，视而可识，察而见意，上下是也；二曰象形，象形者，画成其物，随体诘诎，日月是也；三曰形声，形声者，以事为名，取譬相成，江河是也；四曰会意，会意者，比类合谊，以见指撝，武信是也；五曰转注，转注者，建类一首，同意相受，考老是也；六曰假借，假借者，本无其字，依声托事，令长是也。"

三家"六书"的名称不完全相同，顺序也不大一样。我们这里用的是许慎的称谓，但是把"指事"放在"象形"之后，把"假借"移至"形声"之前，即"象形、指事、会意、假借、形声、转注"。

指事字如果是指在象形字上加注符号表示字义,当出现在象形字之后;若是单纯的数字和标志符号,则可能出现在象形字之前。殷寄明(2013)说:"文字,是人类思维发展到一定阶段上的产物,古人能造指事字'一'时,也能造象形字'木'。应该说六书之朔是二元的。"①

把"假借"放在前面,是因为大多数形声字是在假借字上加注表意形符构成的。李孝定(1986)说:"假借字本是在形声字没有发明之前,从表形、表意的文字,过渡到表音文字,青黄不接的阶段里,所采取的变通办法。它本身已是纯粹表音文字,形声造字的办法,是受了假借字启示,才被发明出来的。它在六书的位置,必在形声之前,应是毫无疑义的。"②

二、"四体二用"与"三书"说

  两千年来,人们大都遵循"六书"的方法讲解汉字,但是也一直有人对"六书"的理论提出修正和批判,其中比较重要的有清朝戴震提出的"四体二用"说,他认为汉字造字法应该是"指事、象形、会意、形声"四种,而"转注"和"假借"只是用字之法,这种说法对后来的汉字研究影响很大。

  之后又有"三书"说,就是把"六书"归并为"三书"。提出这种说法的主要有唐兰、陈梦家和裘锡圭,不过三人的"三书"略有出入。唐兰提出,汉字造字应该是"象形、象意、形声"三种方法。③陈梦家修正了唐兰的说法,提出"象形、假借、形声"。④裘锡圭修正了陈梦

---

  ① 殷寄明(2013)《说文解字精读》261页,复旦大学出版社。
  ② 李孝定(1986)从六书的观点看甲骨文字,《汉字的起源与演变论丛》33页,联经出版事业股份有限公司。
  ③ 唐兰(1981)《古文字学导论》402页,齐鲁书社。
  ④ 陈梦家(1956)《殷虚卜辞综述》75页,科学出版社。

家的说法，提出"表意、假借、形声"。①

三、"六书"例解

1. 象形

象形就是通过画出物体的形状来表示要说明的事物。许慎说："象形者，画成其物，随体诘诎，日月是也。"意思是说象形这种方式，描绘出物体的形状，笔画随着物体形状弯曲，"日""月"两个字就是这样的。

前面我们列举的有图画意味的甲骨文字许多都是象形字。例如：丫（卜）、⊟（日）、⊃（月）、𠘨（雨）、𝌆（耳）、𝌆（贝）、𝌆（羌）、𝌆（鸟）等。

象形字本应和所描写的物体形状一样，但是由于龟甲和兽骨坚硬不易刻写，所以甲骨文字的一些弯笔变成了直笔，如下面的例（1）（2）；一些字只画出简单的线条，如例（3）（4）；有的字只画出标志性的轮廓，如例（5）（6）；还有的只画出其中一部分，如例（7）（8），这些都使得甲骨文的象形意味有所减弱，而铜器铭文是用刀子在泥范上精雕细刻的，所以象形的程度要高许多。下面是商代甲骨文和商代晚期铜器铭文字形的对比：

（1）"日"字，商代晚期铜器铭文写作⊙，甲骨文写作⊟。

（2）"申"字，商代晚期铜器铭文写作𝌆，甲骨文写作𝌆。

（3）"戈"字，商代晚期铜器铭文写作𝌆，甲骨文写作𐤕。

（4）"刀"字，商代晚期铜器铭文写作𝌆，甲骨文写作𝌆。

---

① 裘锡圭（2013）《文字学概要》（修订本）107页，商务印书馆。

（5）"山"字，商代晚期铜器铭文写作 ⛰，甲骨文写作 ⛰。

（6）"象"字，商代晚期铜器铭文写作 🐘，甲骨文写作 🐘。

（7）"鱼"字，商代晚期铜器铭文写作 🐟，甲骨文写作 🐟。

（8）"止"字，商代晚期铜器铭文写作 ，甲骨文写作 。

（9）"家"字，商代晚期铜器铭文写作 ，甲骨文写作 。（这是会意字，但是很典型，也放在这里一起讲了。）

不过，铜器铭文有时候和甲骨文一样也只画出有特征的部分，例如：下面的"羊"字，都只画出简单的羊头。"竹"字，都只画出简单的竹叶。

（10）羊，甲骨文写作 ，商代晚期铜器铭文写作 。

（11）竹，甲骨文写作 ，商代晚期铜器铭文写作 。

甲骨文中象形字不多，李孝定（1986）在1225个甲骨文字中，统计出象形字276个，占总数22.53%强。① 其中152字是现代汉语常用字，如"元、天、帝、示、王、玉、气、士、中、小、少、介、牛、口、单、止、行、齿、足、册、舌、干、又、专、卜、用、目、眉、自、羽、鸡、羊、美、鸟、凤、朋、骨、肉、刀、角、竹、工、可、于、豆、虎、皿、去、主、井、食、合、缶、矢、高、京、来、舞、弟、木、东、无、桑、索、贝、日、晶、月、母、齐、鼎、克、禾、米、向、宫、网、巾、人、企、依、匕、身、卒、尸、屎、尿、舟、儿、兔、先、页、面、首、须、文、鬼、山、岳、厂、石、长、勿、而、象、马、鹿、兔、犬、猴、火、大、夭、壶、水、川、州、泉、永、雨、云、鱼、燕、龙、不、户、门、耳、氏、戈、我、弓、丝、虫、龟、

---

① 李孝定（1986）从六书的观点看甲骨文字，《汉字的起源与演变论丛》15页，联经出版事业股份有限公司。

凡、土、田、黄、力、且、斤、斗、升、车、宁、丁、子、丑、辰、未、申"等。另外,"殳、幺、宀、豕、糸、巳、酉"8字虽然不是常用字,但是常用的偏旁。

汉字发展过程中象形字数量变化不大,清人朱骏声《说文通训定声·说文六书爻列》统计《说文解字》正文加新修、新附、轶文等共9475字,其中象形字有364个,占总字数的3.84%。[①]

2. 指事

指事就是通过纯粹的符号或在象形字上标示符号来表示要说明的事物。许慎说:"指事者,视而可识,察而见意,上下是也。"意思是说指事这种方式,看到就能认识,仔细观察就能明白它的含义,"上""下"两个字就是这样的。

指事字分两种。一种是单纯的指事字,即用纯粹的符号来说明字义。主要有表示数目的"一(一)、二(二)、三(三)、亖(四)、丨(十)"和表示方位的"上、下"等。另一种是在象形字上标示符号,用符号指出这个字要说明的意思,最典型的是"本""末"二字。"本"是在象形字"木"字下部加注符号,指出树根部所在,"本"最早见于西周铜器铭文;"末"是在象形字"木"字上部加注符号,指出树梢处所在,"末"最早见于春秋铜器铭文。还有"寸""尺"二字,寸(寸)是在象形字又(又,表示手)字上加注符号,指出手腕距离脉搏处为一寸,"寸"最早见于战国;尺(尺)是在象形字人(人)字上加注符号,指出腿弯处距脚面为一尺,"尺"最早见于战国。

---

① 比例数字见李孝定(1986)从六书的观点看甲骨文字,《汉字的起源与演变论丛》21页,联经出版事业股份有限公司。后同。

甲骨文中指事字很少，李孝定（1986）在1225个甲骨文字中统计出指事字20个，占总数1.63%强。①其中"一、上、下、三、必、刃、彭、血、丹、朱、亦、弦、二、四"14字是现代汉语常用字。因为数量不多，除数目字外，把它们都写在下面。

"上"字，甲骨文写作 ⌒，像一个标志在地面之上。

"下"字，甲骨文写作 ⌒，像一个标志在地面之下。

"必"字，甲骨文写作 ，在象形字 （斗）上加符号表示其柄之所在。

"刃"字，甲骨文写作 ，在象形字 （刀）字上加注符号，出刀锋处。

"彭"字，甲骨文写作 ，在象形字 （壴）字上加注符号，表示鼓的声音。

"血"字，甲骨文写作 ，在象形字 （皿）字上加注符号，指出器皿里盛的是血。

"丹"字，甲骨文写作 ，在象形字 （井）字上加注符号，指出矿井里有丹砂石。

"朱"字，甲骨文写作 ，在象形字 （木）字上加注符号，表示露出地面的树根，即树桩。

"亦"是在象形字 （大，人正面形）字两边加注符号，写作 ，表示腋下。

"弦"是在象形字 （弓）字上加一符号，写作 ，表示弓弦所在处。后来小篆从弓从糸，写作 ，成为会意字。

---

① 李孝定（1986）从六书的观点看甲骨文字，《汉字的起源与演变论丛》16页，联经出版事业股份有限公司。

用指事方法造字受到许多限制，所以数量很少。甲骨文之后虽然有所增加，但数量仍然不多。清人朱骏声《说文通训定声·说文六书爻列》统计《说文解字》指事字有125个，占总字数的1.32%。

3. 会意

会意就是通过会合几个字来表示要说明的事物。许慎说："会意者，比类合谊，以见指撝，武信是也。"这句话有许多不同的解释，董作宾（1953）说："'比'是并，'类'是字类，合并二字或三、四字以成一字，把意思连贯起来，以为新字的意义，谓之'合谊'，合谊也就是'会意'。因此可知造字者的用意所在，就是'以见指撝'。"① 许慎说"武信是也"，是说"武""信"两个字就是这样的，"武"是把"戈"和"止"会在一起，表示扛着武器示威的意思。"信"是把"人"和"言"会在一起，表示人的话有诚信。

当象形和指事的造字方法不能满足词语表达时，人们便把两个或两个以上的象形字会合在一起来表示一个新的含义。例如：

"安"字，是 （女）和表示房子的 （宀）合在一起，写作 ，表示女人在家里安定。

"好"字，是 （女）和表示孩子的 （子）合在一起，写作 ，表示女人生育孩子。

"休"字，是 （人）和表示树木的 （木）合在一起，写作 ，表示人靠着树休息。

"名"字，是 （口）和表示夜晚的 （夕）合在一起，写作 ，表示晚上看不见，自说其名让别人知道。

---

① 董作宾（1953）中国文字，《中国文化论集》（第一集）26页，中国新闻出版公司。

"伐"字，是 ⺈（人）和表示武器的 ⼁（戈）合在一起，写作 ⿰，表示用武器杀人。

"死"字，是 ⺈（人）和表示尸骨的 ⼁（歺）合在一起，写作 ⿰，像人跪拜于朽骨之旁，表示"死"的意思。

"昔"字，是 ⚪（日）和表示大水的 〰（川）合在一起，写作 ⿱，"川"表示洪水泛滥，"日"表示是很久以前的事情。

"见（見）"字，是 ⎕（目）在 ⺈（人）上，写作 ⿱，表示观看。

"先"字，是 ⺊（止）在 ⺈（人）前，写作 ⿱，表示先后之先。

"雀"字，是 ⼩（小）和 ⺀（隹）合在一起，写作 ⿱，表示小鸟。

"步"字，是两个 ⺊（止），一前一后，写作 ⿱，表示迈开步子走路。

"涉"字，是 ⺊（步）和表示河流的 〰（水）合在一起，写作 ⿰，表示涉过河流。

下面是三个或者更多的字合并在一起的：

"夹"字，由两个"人"字、一个"大"字组成，写作 ⿻，意思两人挟持一人。

"宿"字，由"宀""人""囦（竹席）"组成，写作 ⿱，意思是人在席垫上睡觉。

"解"字，由"牛""角"和两个"手"字组成，写作 ⿻，意思是手握牛角宰牛。

"弃"字，由表双手的"廾"、表簸箕的"其"和"子"组成，写作 ⿱，意思是双手执簸箕将婴儿遗弃。

也有两三个相同的象形字合并在一起表示一个新的意思，例如：

"友"字，甲骨文由两只方向相同的"手"构成，写作 ⿰，表示志同道合的朋友。

"競"字，甲骨文像两个带有刑具的奴隶在竞赛，写作 ⿰。

"林"字，两个"木"表示连成片的树木，写作 ⿰。

"森"字，三个"木"表示树木众多，写作 ⿰。

有时候两个相同的象形字合在一起，位置不同或者方向不同，表示不同的意思。例如：

"从"和"北"

"从"字，甲骨文写作 ⿰，两个人同一方向，意思是跟从；

"北"字，甲骨文写作 ⿰，两个人相反方向，意思是相背。

"降"和"陟"

"降"字，甲骨文写作 ⿰，左边是表示陡坡的 ⿰（阜），右边是表示两只脚的"步"，"降"的两只脚的脚趾方向朝下，意思是由上往下；

"陟"字，甲骨文写作 ⿰，右边两只脚的脚趾方向朝上，意思是由下往上。

"出"和"各"

"出"字，甲骨文写作 ⿰、⿰，上面是 ⿰（止），下面的 ⿰、⿰是门槛，意思是从里面出去；

"各"字，甲骨文写作 ⿰、⿰，上面 ⿰（止）的方向朝下，意思是从外面进来。

"各"表示"来"的意思现代汉语已经消失，但是甲骨文、铜器铭文中常用，例如甲骨文有："大水不各，其各。"（大水不来，大概会来吧？图4-1）。西周铜器铭文有："旦，王各大室。"（早晨，王来到大室。图4-2）"王各于大庙。"（王来到太庙。图4-3）

图4-1 甲骨文（合集33348）　　图4-2 大師虘簋　　图4-3 免簋

甲骨文中会意字最多，李孝定（1986）在1225个甲骨文字中统计出会意字396个，占总数32.33%弱。[①]其中226字是现代汉语常用字，如"祭、祝、折、莫、八、分、牢、吹、名、君、咸、周、各、吠、前、登、步、此、正、征、逆、徒、遣、逐、得、延、卫、品、古、十、讯、竞、对、僕、弄、戒、兵、异、兴、要、晨、农、羮、为、鬥、曼、及、秉、反、取、友、史、事、肆、臣、寻、启、彻、败、寇、改、牧、占、相、只、雀、离、霍、集、鸣、弃、幼、幽、受、争、死、利、初、删、制、解、典、奠、甘、旨、喜、鼓、益、尽、即、既、养、内、侯、韦、乘、枚、栅、乐、采、析、休、林、森、才、之、出、索、生、束、国、困、赖、买、邑、晋、昔、游、旋、旅、族、明、多、秦、黎、香、凶、安、宝、宿、宋、宗、突、梦、广、疾、保、何、伐、俘、化、从、並、比、北、丘、众、望、监、老、兢、先、见、得、吹、令、印、辟、畏、肆、逸、冤、臭、获、焚、灾、光、炎、赤、夹、夷、吴、执、奏、夫、立、并、温、派、湿、沫、涉、谷、雷、渔、乳、至、圣、听、声、闻、扶、挚、授、承、

---

① 李孝定（1986）从六书的观点看甲骨文字，《汉字的起源与演变论丛》17页，联经出版事业股份有限公司。

女、妻、母、好、妥、民、或、武、区、医、系、孙、绝、编、它、帚、封、男、铸、处、官、陵、降、兽、孕、季、疑、育、羞、酒、奠"。

会意字发展很快，清人朱骏声《说文通训定声·说文六书爻列》统计《说文解字》会意字有1167个，占总字数的12.31%。

象形、指事、会意，只是古文字形体一个大致的分类，有些字的区别不是很清楚，归类也不确定。例如：

"天"字，甲骨文有写作 ☆ 的，像人形，突出头部；有写作 ☆ 的，像人形，头顶之上有一标志。

"屎"字，甲骨文写作 ☆ ，像人在大便。

"尿"字，甲骨文写作 ☆ ，像人在小便。

李孝定把这三字归为象形字，有人说是会意字。下面几个字，李孝定列入会意字，有学者认为是指事字。

"立"在象形字 ☆ （大，人正面形）字下加注符号，写作 ☆ ，指出人站立在地上。

"夫"在象形字 ☆ （大，人正面形）字上加注符号，写作 ☆ ，指出头上有簪者为成年男子。

"甘"在象形字 ☆ （口）字上加注符号，写作 ☆ ，表示甘甜的食物在口中。

"母"在象形字 ☆ （女）上加注符号，写作 ☆ ，表示哺乳孩子的母亲。

4. 假借

假借就是借同音字来表示要说明的事物，许慎说："假借者，本无其字，依声托事，令长是也。"意思是说假借这种方式，本来没有这个字，借用声音相同或者相近的字来替代要说的事情，"令""长"两个字就是这样的。

"令"甲骨文写作 ⟨图⟩，像人在木铎下听号令，本义是发号令。

"长"甲骨文写作 ⟨图⟩，像拄着拐杖的长发老人，本义是年长。

段玉裁注："如汉人谓县令曰令、长，县万户以上为令，减万户为长。令之本义发号也，长之本义久远也，县令、县长本无字，而由发号、久远之义引申展转而为之，是谓假借。"就是说"县令""县长"口语里有这个词，但是没有这个字，于是借用读音相同并且意义有一定关系的"令"和"长"。

上古时期文字少，要表达的事物多，有些字还没有造出来，或者有一些表示无形或抽象事物的字无法用象形、指事、会意三种方法造出来，于是人们就用同音或音近的字来代替。我们前面讨论过的第一个甲骨片（即图2-1），里面10个字，除了"卜、日、雨"以外，"已、丑、韦、贞、今、其、不"七个字都是假借字。

李孝定（1986）在1225个甲骨文字中统计出假借字129个，占总数10.53%强。①清人朱骏声《说文通训定声·说文六书爻列》统计《说文解字》假借字有115个，占总字数的1.21%。李孝定还说："在所有129个假借字里，除了极少数一两个可疑或可以另作解释的例外，所借用的字，都是象形、指事或会意字，绝没有一个形声字。"②借用读音相同或者相近的字有两种情况，一种是读音相同或相近而且意义相关，例如许慎说的"令""长"二字。有人认为命令之"令"用来表示官名之"令"，年长之"长"用来表示官名之"长"，不是完全的假借，当属词义引申；一种是读音相同或相近但意义没有关联，最典型的有"我、

---

① 李孝定（1986）从六书的观点看甲骨文字，《汉字的起源与演变论丛》19页，联经出版事业股份有限公司。

② 同上书，31页。

亦、东、凤、豆"等字。"我",原本是武器,借为代词;"亦",原本是腋下,借为副词;"东",原本是橐囊,借为方位词;"凤",原本是凤鸟,借为风雨的风;"豆",甲骨文写作豆,原本是古代盛食物的容器(如图4-4),后借来表示豆菽类植物及其种子。

图4-4　悬铃铜豆(商代晚期)

假借字表示新的意思后,有的字原有的意义消失了,字形为新义所专用,如"我、不、亦、今、东"等;有的字还保留原有的意义,如"云、莫、取"等。

"云"甲骨文写作云,像云朵形状,后来借作"说"的意思,《礼记·坊记》:"子云:'天无二日,土无二王,家无二主。'"(孔子说:"天上没有两个太阳,国家没有两个国王,家里没有两个家长。")而表示云朵的含义还在使用,《周易·小畜卦》:"密云不雨。"(满天乌云没有下雨。)"云"的本义,后来一般用加"雨"的"雲"字表示。

"莫"甲骨文写作写作𦱤,像太阳落在树林中,表示傍晚的意思，后来借作否定词，《诗经·魏风·硕鼠》："三岁贯女，莫我肯顾。"（多少年来养活你，你一点也不顾念我。）而表示傍晚的含义也还在使用，《礼记·间传》："故父母之丧，既殡食粥，朝一溢米，莫一溢米。"（所以父母的丧事，大殓停棺后只可喝稀粥，早上一溢米，傍晚一溢米。）"莫"的本义，后来一般用"暮"字表示。

"取"甲骨文写作 ，像手里拿着一只耳朵，古代战争或狩猎以割取俘虏或猎物左耳为凭证，后用于所有东西的获取，再后来借为取媳妇，《诗经·齐风·南山》："取妻如之何？必告父母。"（娶妻该当如何？一定要先告诉父母。）而表示获取的含义也还在使用，《诗经·豳风·七月》："取彼狐狸，为公子裘。"（把那个狐狸抓住，为公子做皮衣。）

5. 形声

形声就是用表意的形符和表音的声符合起来表示要说明的事物。许慎说："形声者，以事为名，取譬相成，江河是也。"意思是说形声这种方式，用表示某一事物的字表示一个意义范畴，取读音相近的字表示读音，"江""河"两个字就是这样的。

形声是象形、指事、会意、假借之后的造字方法，不过形声字早期并不是简单地把形符和声符合起来表示事物的，裘锡圭（2013）说："最早的形声字不是直接用意符和音符组成，而是通过在假借字上加注意符或在表意字上加注音符而产生的。"[①]张世禄（1984）说："我们从古文字的研究，又可以看到一个常例：后代所通行的形声字，在金石甲骨的刻文上往往就用它们声旁字的假借，不必另加形旁；如'且'为古'祖'字，'屯'为古'纯'字……所以后代在文字上认定的形声一例，最初原来只是一种借字表音的办法，大部分的形声字就在这种表音

[①] 裘锡圭（2013）《文字学概要》（修订本）148 页，商务印书馆。

的字体上另加表意的形旁而组合成功的。"① 下面我们详细讲解。

（1）在假借字上加注意符

假借字借用同音的字表义以后，造成了一字多义，容易出现混淆，于是加注意符来明确字义。这又分为下面两种情况。

第一，在假借字上加注意符明确假借义，例如：

"取"字假借为娶媳妇后，为明确假借义，加注意符"女"写作"娶"，成为形声字，专用于娶妻。

"婚"甲骨文写作 （昏），会意字，上面是"氐"，意思是低下，下面是"日"，合起来意思是太阳低下，即天色昏暗。上古时期，母系社会过渡到父系社会期间，先民实行的是抢婚制，抢婚都在黄昏时，后来的婚礼也都在黄昏时举行，于是"昏"字也就借来表示"结婚"。《诗经·邶风·谷风》："燕尔新昏，如兄如弟。"（新婚夫妻欢欢乐乐，如兄弟一般。）后来为了明确假借义，加注意符"女"写作"婚"，成为形声字，专用于结婚。

"贞"甲骨文写作 （鼎），象形字，像鼎的形状，假借为占卜用语。后为了明确假借义，加注意符"卜"写作 ，成为形声字，专用于占卜。再后来"鼎"讹变为"贝"。

"狮"最早写作"师"，《说文解字》："师，二千五百人为师。"《周礼·地官·小司徒》："五人为伍，五伍为两，四两为卒，五卒为旅，五旅为师，五师为军。""师"泛指军队。汉朝时狮子引进中国，人们借同音的"师"字称之为"师子"。后来为明确假借义，加注意符"犭"写作"狮"，成为形声字，专用于狮子。

第二，在假借字上加注意符明确本义，例如：

"云"字假借为说话义后，为明确本义，加注意符"雨"写作"雲"，成为形声字，表示原本云朵的意思。

---

① 张世禄（1984）《中国音韵学史》46页，上海书店。

"莫"字假借作否定词后，为明确本义，加注意符"日"字写作"暮"，表示原本傍晚的意思。

"蛇"字，甲骨文写作 （它），象形字，像蛇之形，后假借为代词。为了明确本义，又加注意符"虫"写作"蛇"。

"燃"字，战国文字写作 （然），会意字，右边是犬，左上是肉，左下是火，像用火烤狗肉。后假借为然否之"然"，为了明确本义，又加注意符"火"写作"燃"。

"源"字，甲骨文写作 （原），会意字，像泉水从山崖边流出来，后假借为原野之"原"。为了明确本义，又加注意符"水"写作"源"。

（2）在象形字上加注声符。象形字在长期使用中有的读音弱化了，为了明确字音，加注声符，例如：

"凤"字，甲骨文写作 ，像一只高冠长尾的大鸟，后来为了强化读音，加注声符"凡"，写作 ，小篆 （鳳）即来源于此。

"鸡"字，甲骨文写作 ，像一只高冠振羽的公鸡，后来加注表示读音的声符"奚"，写作 ，小篆的 （鷄）即来源于此。

也有学者说："在象形字上加声符，成为形声字，有的是为了使原来的象形字区别于其他形体相近的象形字。"①例如：

"灾"字，甲骨文写作 ，像洪水横流之形，因为和表示水流的 （川）容易混淆，于是加声符 （在）写作 ，以区别之。

"星"字，甲骨文写作 ，像群星状，因为与 （电）字容易混淆，于是加声符 （生）写作 。

---

① 善国（1957）形声字的分析，《东北人民大学人文科学学报》第4期。

"裘"字，甲骨文写作 ▱，像毛在外的兽皮衣服，因为和 ▱（衣）容易相混，西周时期添加声符"▱"（又）写作 ▱，后来声符改为"求"，写作"裘"。

在象形字上加注声符的现象在文字演变中很常见，又如：

"齿"字，甲骨文写作 ▱，像两排牙齿，战国时期添加声符"止"，写作 ▱，小篆写作 ▱。

"网"字，甲骨文写作 ▱，像捕鱼、捕鸟的网，战国时期添加声符"亡"写作 ▱，小篆或体写作 ▱（罔）。

"虹"字，甲骨文写作 ▱，像虫的形状，古人以为虹是虫，从天上下到江河饮水，春秋时期添加声符"工"，小篆写作 ▱。

也有在会意字上加注声符的，例如：

"宝"字，甲骨文写作 ▱，像室内有贝有玉，商代晚期铜器铭文有加注表示读音的"缶"，写作 ▱，小篆 ▱（寶）来源于此。

还有把会意字的一个偏旁换为声符，成为形声字的，例如：

"望"字，甲骨文写作 ▱，像一个人站在土堆上遥望，西周铜器铭文加"月"字写作 ▱（朢），强化远望义；后来为了明确字音，把表示眼睛的"臣"换成表示读音的"亡"，写成了 ▱（望）。

李孝定（1986）在1225个甲骨文字中统计出形声字334个，占总数27.27%弱。[①]其中136字是现代汉语常用字，如"旁、社、福、佑、御、每、萌、蒿、春、葬、牡、犁、召、问、唯、唐、杳、表、历、归、岁、徒、过、进、逢、通、还、迟、避、追、途、循、句、千、言、效、攻、叙、教、学、省、鲁、智、习、鸡、雏、雇、旧、蔑、

[①] 李孝定（1986）从六书的观点看甲骨文字，《汉字的起源与演变论丛》18页，联经出版事业股份有限公司。

凤、膏、腹、刚、宁、粤、盛、卢、青、仓、厚、复、致、柳、柏、树、相、柄、楚、员、贮、责、邦、时、期、星、盟、糠、年、家、宅、室、宣、定、宰、伊、任、传、考、般、兑、视、丑、庭、广、庞、驳、狂、犹、狼、狐、狈、猾、庆、河、沮、洛、油、淮、演、冲、滋、洒、涛、雪、聋、排、扔、姓、姜、娶、妇、妹、奴、媚、如、妨、娘、绍、紊、绿、艰、疆、斧、新、阳、成"。

虽然甲骨文中的形声字不是很多，但形声字数量增长得很快，清人朱骏声《说文通训定声·说文六书爻列》统计《说文解字》的形声字有7697个，占总字数的81.24%。现代汉字中形声字的比例也很大，7000个通用字中形声结构的有5631字，占80.4%。[①]

6. 转注

许慎说："转注者，建类一首，同意相受，考老是也。"许慎说的是什么意思，从古至今有很多不同的诠释，但是没有一个能够说服众人的，而且《说文解字》除了"考、老"以外，没有其他转注的字例。

"考"和"老"最初是一个字，甲骨文里"老"写作 ，像拄着拐杖的老人，《说文解字》："老，考也。七十曰老。"甲骨文里"考"字也写作 ，《说文解字》："考，老也。从老省，丂声。"这两个字原本形体一样，意思也一样，都指年纪大的人。后来"老"下面的拐杖写成了"匕"；"考"下面的拐杖写成了"丂"，"丂"被认为是表示读音的声符，于是"老""考"成为两个字，一个会意，一个形声。

"转注"意思不明，与现代汉字教学关系不大，裘锡圭（2013）说："在今天研究汉字，根本不用去管转注这个术语。不讲转注，完全

[①] 康加深（1993）现代汉语形声字形符研究，载苏培成选编《现代汉字学参考资料》129页，北京大学出版社 2001 年。

能够把汉字的构造讲清楚。"[①]目前国际汉语教学中汉字的解说多是依传统的"六书"名称，但一般不涉及"转注"。

这里需要强调的是，"六书"是古人在小篆的基础上对已有的汉字形体分析归纳出来的六种造字类型，不是说汉字是按照"六书"的条例造出来的。

第二节　汉字造字法在汉字教学中的应用

"六书"虽然是传统文字学理论，但仍然可以用于今天的汉字教学，帮助我们分析讲解汉字的形体和字义，例如象形的"日、月、水、火"，指事的"本、刃、甘、寸"，会意的"休、好、安、牢"，形声的"沐、斧、河、峰"等。

1. 象形字教学

现代汉语常用汉字中象形字数量虽然不多，但使用频率很高，而且象形是造字之基础，指事字、会意字、形声字都是建立在象形字上的。

例如："页"字，甲骨文写作　　，像人突出的头部之形。《说文解字》："页，头也。""页"的本义是头部。"页"作为形旁组成了许多字，有"胡须"的"须"、"颜面"的"颜"、"脸颊"的"颊"、"颧骨"的"颧"、"头颅"的"颅"、"颈部"的"颈"、"头顶"的"顶"、"项链"的"项"、"衣领"的"领"，这些"页"字旁的字，意思都跟头部有关系。"问题"的"题"、"顾问"的"顾"也都跟"头"有关，"题"本义是额头，"顾"的本义是回头看。

再如："欠"字，甲骨文写作　　，像一个人张口出气之形，

[①] 裘锡圭（2013）《文字学概要》（修订本）107页，商务印书馆。

《说文解字》:"欠,张口气悟也,象气从人上出之形。"(欠,张开口气散出来,像气从人上部出去的样子。)"欠"作为形旁组成了许多字,有"吹气"的"吹"、"饮食"的"饮"、"唱歌"的"歌"、"欢笑"的"欢"、"欣喜"的"欣"、"欺骗"的"欺"、"欲望"的"欲"等。这些"欠"字旁的字,字义都跟张口有关系,如"欺"字,《说文解字》:"欺,诈欺也。从欠,其声。"(欺,意思是欺骗。"欠"表示字义,"其"表示读音。)欺骗用口,所以有"欠"字旁。"欲"字,《说文解字》:"欲,贪欲也。从欠,谷声。"(欲,意思是贪图得到。"欠"表示字义,"谷"表示读音。)段玉裁注:"欲从欠者,取慕液之意。("欲"有"欠"字旁,是取其羡慕而流涎水的意思。)

汉语老师应该熟悉常用的、组字数量多的象形字,了解它们的造字原理,这样不仅有助于象形字的教学,也有助于指事字、会意字、形声字以及假借字的教学。由于几千年来字形演变,许多象形字变得不象形了,分析讲解象形字时要尽量追溯到最早的形体。

2. 指事字教学

现代汉语指事字虽然很少,但也大都是常用字,教学时要给出古文字形体来讲解指事字的造字原理,帮助学生理解。例如:"甘"字之所以表示香甜,因为它外面是"口"字,中间的"一"指出口中有甜美的食物。"刃"字之所以表示刀刃,因为它的"丶"指出"刀"的锋刃处。"彭"字之所以表示鼓声,因为它左边的"壴"是鼓,右边的"彡"指出鼓的响声。"本"字之所以表示根本,因为它的"木"是树,下面的"一"指出树的根部。

3. 会意字教学

会意字可述性强,有的字讲起来像小故事,容易明白,很受学生欢迎。前面有过很多关于会意字的讲解,这里不多列举,只提醒一下,有些字由于字形变化较大，需要借助古文字形体讲解，例如：

"至"字，甲骨文写作 ⤲，像射来的 ↑（矢）落到地面，意思是到来。小篆 ⤲ 还能看出一点箭矢的模样，现代汉字就看不出来了。

"奔"字，西周铜器铭文写作 ⤲，上面像一个摆动双臂的人，下面三只脚表示脚步移动迅速，现代汉字人和脚都看不出来了。

"妻"字，甲骨文写作 ⤲。上古时期有抢婚制，抢女人回家为妻，"妻"字上部为手抓头发形。到了小篆 ⤲，还能看出一些手和头发的形状，现代汉字就看不出来了。

"及"字，甲骨文写作 ⤲，是一只手和一个人，意思是从后面赶上抓住。小篆 ⤲ 字还能看出"人"和"手"，现代汉字就看不出来了。

象形字、指事字和会意字在字形和字义上多有关联，教学中如果把有关联的字合在一起讲解，相互印证，效果会比较好。例如："大"字，甲骨文 ⤲ 像一个正面的人形；"夫"字，甲骨文 ⤲ 像一个头上有簪子的男人；"天"字，甲骨文 ⤲ 在人头上画一标志，指出头顶之上的地方；"立"字，甲骨文 ⤲ 像人站立在地上；"亦"字，甲骨文 ⤲ 指示人的腋下两处；"夹"字，甲骨文 ⤲ 像两个人挟持一人。这些字都是由"大"字孳乳而来，本义都跟"人"有关系。

前面也说到象形、指事、会意只是古文字形体一个大致的分类，有些字的区别不是很清楚，归类也不确定。老师讲解这些字的时候不必拘泥六书的类别，只要自己前后一致就可以了。

4. 假借字教学

国际汉语汉字教学中假借字的问题只有一个，就是要不要做溯源性讲解。我们认为需要，因为通过古文字形体讲解假借字的形和义，可以让学生理解性地记住字形。例如：

"而"字，甲骨文写作 ﹝图﹞，像人的下巴及其胡须。《说文解字》："而，颊毛也。象毛之形。"（而，意思是脸颊的胡须。像毛发的样子。）后假借作连词。

"斤"字，甲骨文写作 ﹝图﹞，像一把斧子。《说文解字》："斤，斫木斧也。象形。"（斤，意思是砍木头的斧子。像斧子的样子。）后假借作重量单位，《汉书·律历志上》："十六两为斤，三十斤为钧。"

"只"字，《说文解字》："只，语已词也。从口，象气下引之形。"（只，表示语气停顿的虚词。从口，像气向下走的形状。）"只"字本义是句末语气词，《诗经·鄘风·柏舟》："母也天只，不谅人只。"（妈啊，天啊，不体谅我啊。）后假借作副词。

因为一些假借字的偏旁在其他字中也有使用，讲解时可以放在一起相互说明。例如：讲解原本是武器的"我"字时，可以用同为假借字的"或"字来印证。"或"西周铜器铭文写作 ﹝图﹞，像用"戈"守卫城池，后假借作副词。还可以和其他有"戈"字旁的字系联，如"战、伐、戍、戒"等。讲解本义是斧子的"斤"字时，可以用"斧、兵、断、折"等字来印证，也可以和其他"斤"字旁的假借字系联，如"新、所、斯"等。

"新"甲骨文写作 ﹝图﹞，像用斧子砍树，本义是伐木，《说文解字》："新，取木也，从斤，亲声。"段玉裁注："取木者，新之本义。"

"所"有"斤"字旁，原本是伐木的声音，《说文解字》："所，伐木声也。从斤，户声。《诗》曰：'伐木所所。'"（所，意思是伐木声。"斤"表示字义，"户"表示读音。《诗经》说："伐木声音所所地响。"）

"斯"有"斤"字旁，本义是把木头劈开，《说文解字》："斯，析也，从斤，其声。《诗》曰：'斧以斯之。'"（斯，意思是劈开。"斤"表示字义，"其"表示读音。《诗经》说："用斧头劈开它。"）

假借字的问题会经常被学生问到，例如他们常问："傻"字有"亻"字旁，意思是愚笨的人；"愚"有"心"字旁，意思是心里不聪明，为什么"笨"字是"⺮"字头呢？

《说文解字》："笨，竹里也。从竹，本声。""笨"是竹子的里层，也就是我们常说的竹膜，后来假借为愚笨之义，假借后"笨"的本义不再使用。

假借字在国际汉语的汉字教学中是很重要的一部分，许多字形与字义没有关系的字都是假借来的。作为汉语老师，应该知道假借字这个概念，知道假借字的成因，以及常用的假借字的来源。

讲解假借字原本的字义，给学生一个理据性的解说，然后讲被假借作什么，这样虽然麻烦，但是比什么都不讲，只是把假借字当作一个笔画、部件的集合体让学生死记硬背有效得多，这应该算是"事倍功倍"。下面"排队"的"队"字是一个典型的例子。

"队"字，甲骨文写作 ，像一个人头朝下从高处坠落；也写作 ，特指小孩子坠落。西周铜器铭文把"人"换成"豕"，写作 （隊），"豕"是猪的意思。①战国时期在"隊"字下加"土"写作 （墜）。后来"隊"被借去表示队伍的意思，于是"墜"专表坠落。《说文解字》："隊，从高队也。"（隊，意思是从高处坠落下来。）段玉裁注："隊、墜，正俗字。古书多作隊，今则墜行而隊废矣。"（"隊"和"墜"一个是正字，一个是俗字。古书在表示坠落

---

① 谷衍奎（2008）《汉字源流字典》121页，语文出版社。

时多写作"隊",现在"墜"字通行而"隊"字不用了。)汉字简化时用"队"取代"隊","墜"依照偏旁类推的原则简化作"坠"。

这里的讲解虽然花了点儿时间,但是学生明白了"队"的造字原理,加深了"队(隊)"字的理解和记忆,间接地学习了"坠(墜)"字,可谓一举多得。

5. 形声字教学

现代汉字中形声字数量最多,表意表音关系复杂,是汉字教学的重中之重。形声字教学需要注意以下几点:

(1)形声字的"形旁"跟字义有联系,但是大多不完全等义,它和会意字的"形"不一样。会意字的"形"完全等义,例如:"休"是人在树下休息,"采"是手在树上摘果子,这两个"木"指的是树。而形声字的"形旁"表示的多是一个义类,例如:"柏、桐、枫、樱"的"木"是指树名,"柚、桃、柿、杏"的"木"是指树上果实,"枝、杈、根、桠"的"木"是指树的一部分,"板、枪、桥、楼"的"木"是指木制品。

(2)形声字的"声旁"和字音有的不完全相同,有的则完全不同。丁西林(1952)说:"一个是在初造字的时候,找不到适当的同音字做声符,于是就马马虎虎地用一个读音近似的字来对付。目前新造的形声字中的'认''识',就是很好的例子。另一个原因是在初造字的时候,声符的声音是合的,但由于时代的影响,字音改变了,因而发生了歧异。"[①]邹晓丽等(1999)统计了甲骨文224个形声字,其中声韵相同的有100个,不到一半。[②]

下面是两个造字时声旁选用近音字的例子:

---

① 丁西林(1952)现代汉字及其改革的途径(上),《中国语文》第2期。
② 邹晓丽、李彤、冯丽萍(1999)《甲骨文字学述要》59—60页,岳麓书社。

"鷄（鸡）"字，"鷄"是见纽支韵，它的声旁"奚"是匣纽支韵。

"姜"字，"姜"是见纽阳韵，它的声旁"羊"是喻纽阳韵。

再看两个声旁字音改变的例子：

"移"字，《说文解字》："移，禾相倚移也。从禾，多声。""移"字本义是禾苗随风摇摆的样子。

"波"字，《说文解字》："波，水涌流也。从水，皮声。""波"的本义是水流起伏之形状。

善国（1957）说："移从多声，波从皮声，移跟多，波跟皮，在音读上现在很有距离，可是古音把多念作'夷'，把波念作'皮'，所以最初造移字和波字的时候，移跟多、波跟皮本来是声音相同的。"[①]

（3）尽量利用声旁帮助汉字读音教学。前面第三章说过，由于一直以来人们对汉字的印象都是表意文字，所以在教学上往往注重传统的字形说义，没有在读音上给予足够的重视，因此关于利用声旁帮助汉字读音教学方面的研究不多。李大遂（2001）说："对外汉字教学的对象都是成年人，发现和利用表音偏旁这一读音线索的欲望和能力更强。增加表音偏旁教学内容，可以使学生尽早认识形声字读音固有的系统性，可以培养学生通过表音偏旁快速掌握形声字读音的能力。"[②]关于这个问题，后面第七章还有进一步讨论。

---

① 善国（1957）形声字的分析，《东北人民大学人文科学学报》第4期。
② 李大遂（2001）略论汉字表音偏旁及其教学，载孙德金主编《对外汉字教学研究》138页，商务印书馆2006年。

本章小结

　　传统文字学认为汉字造字有六种方式，叫作"六书"。象形是汉字造字的基础，指事字和会意字是在象形字的基础上形成的。当一些表示无形的或抽象的事物的字无法用前三种方法造出来时，人们就借用读音相同或相近的字来表示，这就是假借字。形声字多数是在假借字上加注形符来明确字义的，也有在象形字上加注声符区别字形或者强化读音的。形声字发展很快，从甲骨文时期的20%左右到现代汉字的80%以上。转注字意思不明，对现代汉字教学没有用处。汉字"六书"理论是汉字教学的一个重要部分，教学中讲解汉字形体结构都会涉及造字法。讲解造字法，象形字是关键。假借字可以用溯源的方法讲解，通过古文字形体讲清楚假借字的本义，让学生理解性地记住字形。形声字数量大，表意表音关系复杂，讲解时要注意形旁表意和声旁表音的问题。

思考题

1. 什么是"六书"？
2. 假借字是在什么情况下产生的？
3. 形声字是怎么形成的？学习形声字要注意哪几个方面？
4. 为什么国际汉语教学需要讲解假借字的字源？
5. 利用形声字教学需要注意哪些方面？

参考书目

唐兰（1981）《古文字学导论》，齐鲁书社。

李孝定（1986）《汉字的起源与演变论丛》，联经出版事业股份有限公司。

梁东汉（1959）《汉字的结构及其流变》，上海教育出版社。

裘锡圭（2013）《文字学概要》（修订本），商务印书馆。

殷寄明（2013）《说文解字精读》，复旦大学出版社。

第五章

汉字发展演变与汉字教学(上)

从商代晚期至今3500多年，汉字形体发生了很大变化。先秦时期有商代甲骨文，商代铜器铭文，西周铜器铭文，战国的竹简、帛书及其他载体上的文字。秦始皇统一中国之后，对汉字进行了许多整理，于是有了整齐划一的小篆。之后是汉代的官方文字隶书，再后来就是魏晋时期出现的使用至今的楷书，还有草书和行书。下面我们按照时代顺序逐一解说。

第一节 甲骨文、铜器铭文、战国文字、小篆概述

一、甲骨文

1. 甲骨文概述

甲骨文我们前面说到过很多次。甲骨文是商朝人刻写在龟甲和兽骨（主要是牛骨）上的和占卜有关的文字。商朝人很迷信，许多事情，诸如天气（图5-1）、疾病（图5-2）、生育（图5-3）、田猎（5-4）、战争（图5-5）、收成（图5-6）、祭祀（图5-7），出行（图5-8）、灾祸（图5-9），甚至连做梦（图5-10）都要占卜，以问上帝。我们看几个甲骨文片（有的甲骨文片前面出现过）。

图5-1

图5-2

图5-3

图5-4

图5-5

图5-6

图5-7

图5-8

图5-9　　　　　图5-10　　　　　图5-11

图5-1：己丑卜，韦贞，今日其雨。贞，今日不雨。——己丑日占卜，贞人韦问，今天会下雨吗？贞问，今天不下雨吗？（合集12053）

图5-2：贞，疾耳，隹业它。——贞问，耳朵有病，是有祸害吗？（合集13630）

图5-3：己丑卜，𣪘贞，翌庚寅妇好娩。贞，翌庚寅妇好不其娩。一月。——己丑日占卜，贞人𣪘问，明天庚寅日妇好会分娩吧？贞问，明天庚寅日妇好不会分娩吧？一月。（合集154）

图5-4：丁酉卜，贞，王其田，亡灾。——丁酉日占卜，贞问，王要去田猎，大概不会有灾吧？（合集33522）

图5-5：贞，勿伐舌，帝不我其受佑。——贞问，不要征伐舌方国，上帝大概不会保佑我们吧？（合集6272）

图5-6：贞，我不其受黍年。——贞问，我们大概不会有收获黍子的丰收年吧？（合集9956）

图5-7：贞，沉十羊十豭。——贞问，祭祀时沉十头羊十头猪吗？（合集16191）

图5-8：贞，王出。隹帝臣令。不其获羌。——贞问，商王出行吗？上帝的臣发出命令了吗？不会捕获羌人吗？（合集217）

图5-9：戊辰贞，妇好亡祸。——戊辰日贞问，商王之妻妇好没有灾祸吧？（合集32760）

图5-10：贞，王梦禽，不隹祸。——贞问，王梦到了打猎，不会有灾祸吧？（合集17387）

图5-11：戊戌贞，王其田，不雨。——戊戌日贞问，商王去田猎，不会下雨吧？（合集33462）

下面我们来看一个整版的甲骨文片。

 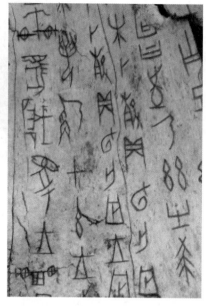

全片　　　　　　　　　　　局部

图5-12　甲骨文照片（合集10405正）

图5-12是这片甲骨的正面，有些字比较容易地和现代汉字联系起来，例如：图5-12（局部）左边一行的 （车）就像一辆车的样子，（马）像一匹马的样子，（王）像一把刃口朝下的大斧。

图5-13是这片甲骨的反面，里面有两句话（见局部）也比较容易明白。

全片　　　　　　　　　　局部

图5-13　甲骨文拓片（合集10405反）

右行从上至下是"各云自东面"，"各"字前面讲了，像脚走进门坎，意思是来；"云"像云的样子；"自"是鼻子，假借为介词；"东"本是橐囊，假借为方位词。这几个字是说："有云自东面来。"

左行从上至下是"屮出虹自北"，"屮"的意思是"有"；"出"字前面讲了，像脚走出洞穴；"虹"像长虹的样子；"北"本是两个人背对背，假借为方位词，这五个字是说："有虹从北边出来。"①

古人是怎么占卜的呢？古人占卜之前，要先在龟甲兽骨背面挖出一个梭形槽和一些连接的圆洞，并不挖透。占卜时用烧热的东西去灼炙那些槽洞，龟甲正面相应处就会爆出"卜"形裂纹。占卜的人根据卜纹解读占卜之事的吉凶。占卜后把占卜的人、时间、事情及结果、验证情况等刻写在卜纹附近。因为甲骨文的内容主要是占卜，所以也叫"甲骨卜

---

① 王宇信、杨升南、聂玉海（2004）《甲骨文精粹释译》1517页，云南人民出版社。

辞"。

甲骨文有多少字呢？又有多少字可以识读呢？陈年福（2006）统计，甲骨文单字字目3654个，已释1301个。[①]不过，因为甲骨文主要是占卜文字，不能涵盖其他内容的文字，所以不能体现当时的实际文字数量。

商代还有其他载体上的文字。甲骨文里有"⺍⺍（册）"字，有"⺍⺍（典）"字，"册"是丝绳串联竹简做成的书，"典"是双手捧着奉为经典的"册"。《尚书·多士》："惟尔知，惟殷先人，有册有典，殷革夏命。"这句话是说商朝早期就在竹简上记事了，而且记载的是殷朝灭亡夏朝的史事。能够记载历史故事，所用的文字也一定多于卜辞的甲骨文了。董作宾（1953）说："甲骨文字是商代文化的一个角落，所记的卜辞，只是商王问卜的事项，它既不能代表整个的商代文字记载，也不能代表全部商代所使用的文字，但是，这一部分文字，识与不识，已有两千左右，因为占卜事项用字之少，正足以反映出商代当时所使用的文字应该多。"[②]

商朝灭亡之后，甲骨文就被封埋在殷墟地下很多年，后来陆续被农民种地时挖出。那时候人们以为甲骨是"龙骨"，是一味中药，于是捡起来卖给药铺。1899年，北京研究金石文字的学者王懿荣在买的中药里发现了有字甲骨，使得殷墟的甲骨文字昭示于世。除了安阳殷墟发现的商朝晚期甲骨文以外，人们还在山西、北京、陕西等地发现了西周甲骨文，其中陕西周原最多，有289片，1005字。西周甲骨目前共发现306片甲骨片，上面共有1029字。[③]西周甲骨文的字非常小，需要放

[①] 陈年福（2006）殷墟甲骨文词汇概述，《浙江师范大学学报》第1期。
[②] 董作宾（1953）中国文字，《中国文化论集》（第一集）24页，中国新闻出版公司。
[③] 王宇信（1984）《西周甲骨探论》20页、156页，中国社会科学出版社。

大几倍才能看清楚,其内容主要为占卜和记事两类。①王宇信、徐义华(2006)说:"西周甲骨文与殷墟甲骨文有许多共同性,它们是一脉相承的。"②

2. 甲骨文的形体结构

甲骨文是早期的文字,字形大都还没有定型,许多字有不同的写法。

(1)有的是字的朝向不同,例如:

"亡"字,可以左向写作 ;也可以右向写作 。"帚"字,可以左向写作 ;也可以右向写作 。"友"字,可以左向写作 ;也可以右向写作 。

(2)有的是正写倒写不同,例如:

"帝"字,可以正写作 ;也可以倒写作 。"帚"字,可以正写作 ,也可以倒写作 。刘钊(2006)在《古文字构形学》中有一章专门讲甲骨文的"倒书",包括全字倒书,偏旁倒书,笔画倒书等。③

(3)有的是正写侧写不同,例如:

"龟"字,可以正写 ;可以侧写 。

(4)有的是偏旁位置不同,例如:

"好"字的"女",可以在右边写作 ;也可以在左边写作 。

---

① 王宇信(1984)《西周甲骨探论》185页,中国社会科学出版社。
② 王宇信、徐义华(2006)《商周甲骨文》217页,文物出版社。
③ 刘钊(2006)《古文字构形学》9—16页,福建人民出版社。

"休"字的"人"，可以在左边写作 , 也可以在右边写作 。

"伐"字的"戈"，可以在右边写作 ；也可以在左边写作 。

"昔"字的"水"，可以在上边写作 ；也可以在下边写作 。

（5）还有的字，意思相近的偏旁可以通用，例如：

"牧"字，手持鞭杆驱赶的可以是牛，写作 ；也可以是羊，写作 。

"牢"字，围栏里面的可以是牛，写作 ；可以是羊，写作 ；还可以是马，写作 。

"逐"字，止（脚）上面，可以是猪，写作 ；可以是犬，写作 ；可以是兔，写作 ；还可以是鹿，写作 。

"牡"字，表示雄性生殖器的 的旁边，可以是牛，写作 ；可以是羊，写作 ；可以是猪，写作 ；还可以是鹿，写作 。

"牝"字，表示雌性生殖器的 的旁边，可以是牛，写作 ；可以是羊，写作 ；可以是猪，写作 ；还可以是虎，写作 。

甲骨文绝大多数是用刀刻写出来的，因为刻写不易，许多圆笔变成了直笔，有的还省略了笔画和部件。例如，上面图5-12局部左边一列的上下两个"车"字，上面的 ，有车轮、车轴、车辀、车衡；下面的

[图]，有车厢、车轮、车轴。甲骨文里最复杂的"车"字写作[图]，有车轮、车轴、车厢、车軥、车衡和车軛；最简单的"车"字写作[图]，只有车轮和车轴。

再如，"齿"字，甲骨文里有四个牙的[图]，有三个牙的[图]，有两个牙的[图]，有一个牙的[图]，还有简单标出牙齿的[图]。

又如："典"字，甲骨文有两只手的[图]，有一只手的[图]，还有两只手再加装饰笔画的[图]。

甲骨文中"[图]（聲）"字很繁复，由丝绳、磬、手、击槌、耳朵、口六个部分组成，意思是手持棒槌敲打悬挂着的磬发出声音。但是也有很简单的写法，写作[图]，只有丝绳、磬的轮廓和耳朵。

商朝人占卜的事多，占卜频繁，刻写甲骨文就是日常生活中的事情，所以字体就有些潦草、简便。裘锡圭（2013）说："我们可以把甲骨文看作当时的一种比较特殊的俗体字，而金文大体上可以看作当时的正体字。所谓正体就是在比较郑重的场合使用的正规字体，所谓俗体就是日常使用的比较简便的字体。"[1]

虽然甲骨文字形大都还没有定型，许多字有不同的写法，但是我们也发现，甲骨文的书写其实也是相当严谨的，不同的写法不影响字义表达。

例如前面讲的"好"字，"女"和"子"虽然位置和方向可以不同，但都是"女"大"子"小，以表示女人有孩子这个意思。刘志基（1995）说："从字形上看，甲骨文'好'字'女''子'两个部件虽有不同位置、不同方向的多种构形方法，但却有一个非常明显的共

---

[1] 裘锡圭（2013）《文字学概要》（修订本）48页，商务印书馆。

同点，即'女'大'子'小……这种关系无疑是为了表明'好'中之'女'，是一个成年妇女的形象，而'子'则是一个婴孩的形象，且为'女'所生产。"①

我们再看几个例子：

"伐"字，"人"和"戈"可以左右位置不同，但都是"人"背对着"戈"，大概那时候杀人是从背后下手的。

"休"字，"人"和"木"可以左右位置不同，但都是"人"背靠着"木"，以表示人靠着树休息的意思。

"祝"字，甲骨文写作 、 等，像人跪在神主前祷告，"人"和"示"可以左右位置不同，但都是"人"面对着神主"示"，几无例外。②

"折"字，甲骨文写作 、 等，《说文解字》："折，断也。从斤断艸。"（折，意思是断。用斧子砍断草。）"析"字，甲骨文写作 、 等，《说文解字》："析，破木也。一曰折也。从木，从斤。"（析，意思是劈开木头。一种说法是折断。"木"和"斤"合起来表示字义。）段玉裁在"析"字下注："以斤破木，以斤断艸，其义一也。""折"和"析"的"斤"字不论在左在右，斧刃都对着草木。

还有"即""既"二字。"即"字，甲骨文写作 、 、 、 等，像一个人跪坐在食器前准备吃饭，不管是"人"字的繁写或是简写，在左还是在右，人面一定是朝向食器的。而表示已经吃完的"既"字，甲骨文写作 、 等，人都是把头转过去的，有的连身子也转了过去。

---

① 刘志基（1995）《汉字与古代人生风俗》24页，华东师范大学出版社。
② 《甲骨文编》"祝"字条下有21字，只有一个是"人"背对着"示"的，《新甲骨文编》"祝"字条下有"示"旁的"祝"字17个，"人"都是面对"示"的。

甲骨文偶尔也有用毛笔写的，如图5-14。

图5-14　甲骨文照片（甲骨文乙编0778）

二、铜器铭文

1. 商周铜器铭文概述

中国从夏朝开始进入青铜器时代，商朝晚期和西周初期是青铜器的鼎盛时期。[①]这个时候的青铜器有兵器、礼器、乐器及各种日用器具。当时人们喜欢在铜器上面，特别是礼器和乐器上面描绘花纹、铸写文字，这种文字就叫作"铜器铭文"，"铭"是指在器物上铸造或者刻写的文字。当时"铜"也叫"金"，于是铜器铭文也叫"金文"；铜器中最具有代表性的是乐器的"钟"和礼器的"鼎"，所以铜器铭文也叫"钟鼎文"。

---

① 容庚、张维持（1984）《殷周青铜器通论》18页，文物出版社。

目前发现的最早的有铭文的铜器是商代中期的，比殷墟甲骨文还早，不过只是很少几件，字数也都限于两三字。[①]商代晚期的铭文一般也很短，多是族徽和作器者名（如图5-15至图5-19）。最长的是四祀邲其卣铭文（图5-20），有42字，内容是记述随商王祭祀祖先并得到赏赐的事情。

图5-15　后母戊鼎铭文　　图5-16　子韦爵铭文　　图5-17　亚鸡鱼鼎铭文

图5-18　象且辛鼎铭文　　图5-19　子渔尊铭文　　图5-20　四祀邲其卣铭文

商朝的铜器铭文，特别是族徽铭文和作器者名的铭文图画意味浓厚，和殷墟甲骨文相比差别比较大。

前面第四章我们比较过一组商代铜器铭文和商代甲骨文的不同，铜器铭文更像是图画。董作宾（1952）说："我所认为原始文字的，乃是殷代还在使用着的'古字'，他们认为美术体的文字，就是现存的在二千件以上的金文铭刻……以前大家把这种字叫作'文字画''图腾''族徽'，不当作文字。我们现在的看法，是殷代有通用的符号文

[①] 李学勤（1985）《古文字学初阶》33页，中华书局。

字，如甲骨文，是他们的'今文'，而刻在精美花纹铜器上的文字，是他们的'古文'。殷人爱美，用在美术品上的文字，要写美术体。"①陈伟湛、唐钰明（1988）说："（铭文字体）保存着比甲骨文更古写法的图形文字，亦即图画性很强的早期象形字。其中有些字可能属于比殷墟甲骨文更早的时期，而更通常的情况是因为需要用典雅庄重的古体以显示彝器的尊严，所以铭文便有某种复古的倾向。如万甗的万字、象且辛鼎的象字、牛鼎的牛字以及亚鸡鱼鼎的鸡字和鱼字，均具有描摹实物的逼真的特色。"②

商朝的铜器铭文虽然有些比甲骨文早，比甲骨文更象形，但是由于数量不多，所以人们一般都把甲骨文作为商朝文字的代表。

进入西周以后，铜器铭文多了起来，铭文的字数也多了起来，字数最多的一件是毛公鼎，有497字（图5-21）。铭文内容也丰富起来，有征伐铭功、册命赏赐、祭典诰命、诉讼契约等。同时字体开始线条化了，象形的意味明显减少，笔画趋于简单，字形日益整齐（如图5-22）。

图5-21　西周毛公鼎铭文　　　　图5-22　西周墙盘铭文

---

① 董作宾（1952）《语言文字学》166页，大陆杂志社。
② 陈伟湛、唐钰明（1988）《古文字学纲要》104页，中山大学出版社。

春秋战国以后，铜器铭文开始出现一些不一样的形体，下面是公元前576年的秦国铜器铭文（图5-23）和公元前235年的楚国铜器铭文（图5-24），二者字体有明显不同。

图5-23　秦公簋铭文

图5-24　楚王酓悍鼎铭文

有一些铭文还出现了装饰性的形体，出现了把笔画写成鸟形或者虫形的"鸟虫书"（图5-25）。早先的铭文都是随铜器一起铸造出来的，战国时期则出现了在铸造好的铜器上刻写的文字，最著名的是在战国中山王墓里出土的中山王𰯼铜鼎、方壶和圆壶，上面几百字的铭文都是刻写，刻写得非常规整优美（图5-26）。

图5-25　彭所之戈铭文

图5-26　中山王嚳铜鼎铭文

中国的青铜器时代结束于战国末年，1985年版的《金文编》收录了殷周铭文单字3772个，释读的有2420字。[①]从这些文字中可以看出一千多年里铜器铭文的变化。整体上，铜器铭文字体趋于线条化，象形的意味逐渐减少，下面是西周早期到西周晚期的字形变化表：

表5-1　西周字形变化表[②]

	王	才	辛	人	生	大	侯	父
西周早期	王	十	辛	人	生	大	侯	父
西周中期	王	十	辛	人	生	大	侯	父
西周晚期	王	十	辛	人	生	大	侯	父

---

① 容庚、张振林、马国权（1985）《金文编》后记，中华书局。
② 引自詹鄞鑫（1991）《汉字说略》77—78页，辽宁教育出版社。

(续表)

	隹	馬	無	寶	彝	周	殷	貝
西周早期								
西周中期								
西周晚期								

2. 铜器铭文的形体结构

与甲骨文相比，西周铜器铭文不光字形有变化，结构上也有很多变化。杨五铭（1986）说："（西周铜器铭文）不常出现新的象形字，而形声字却明显增加。如'走部''言部''心部''衣部''金部''厂部'的字在甲骨文内很少或几乎没有，而金文则大量出现，并且多为形声。"[①]

西周铜器铭文一方面线条化，减少了象形的意味；一方面增加形旁或声旁，明确字义或字音，例如：

"在"字，甲骨文写作 ，像草木钻出地面形，又借"草木初生"义表示"存在"。西周铜器铭文加形符"土"，写作 ，强调存在于地上。

"有"字，甲骨文写作 ，本义为右手，假借为有无的"有"。西周铜器铭文加形符"月（肉）"，写作 ，意思是手里有东西。

"右"字，甲骨文写作 ，本义为右手。西周铜器铭文加标志符

---

① 杨五铭（1986）《文字学》159页，湖南人民出版社。

号"口",写作 ⟨字⟩。

"左"字,甲骨文写作 ⟨字⟩,本义为左手。西周铜器铭文加标志符号"口",写作 ⟨字⟩;后改标识符号,写作 ⟨字⟩。

"走"字,甲骨文写作 ⟨字⟩,像跑步的人双臂摆动,西周铜器铭文加形符 ⟨字⟩(止),突出脚在跑动,写作 ⟨字⟩。

"封"字,甲骨文写作 ⟨字⟩,下面是土,上面是树木,意思是植树,西周铜器铭文加形符 ⟨字⟩(手),写作 ⟨字⟩。

还有前面讲过的"望"字,甲骨文写作 ⟨字⟩,西周铜器铭文加形符"月"写作 ⟨字⟩(朢),后为了明确字音,又把表示眼睛的"臣"换成表示字音的声符"亡",写成了"望"字。

同时,西周铜器铭文也固定了一些字的偏旁和偏旁的位置,例如:

"莫"字,甲骨文或从"日"、从四"中",写作 ⟨字⟩,像太阳落在草丛中。或从四"木"写作 ⟨字⟩,或从二"中"写作 ⟨字⟩、⟨字⟩,或从二"木"写作 ⟨字⟩。西周铜器铭文基本固定为四"中",写作 ⟨字⟩。

"名"字,甲骨文有写作 ⟨字⟩的,有写作 ⟨字⟩的,还有上下结构的 ⟨字⟩,西周铜器铭文把"夕"字都放在"口"上面,写作 ⟨字⟩。

"昔"字,甲骨文的"水"可以在上边写作 ⟨字⟩,也可以在下边写作 ⟨字⟩,西周铜器铭文基本上都写作 ⟨字⟩。

三、战国文字

1. 战国文字概述

用"战国文字"这个名称,是因为战国时期除了铜器铭文以外,还有其他载体上的文字,包括竹简文字、帛书文字、玉石文字、玺印文字、货币文字和陶器文字等,因此统称为战国文字。下面我们分别介绍。

（1）竹简文字

竹简文字就是在竹片上写的文字，"简"是用来写字的细长竹片。前面说过，商朝就已经有竹简文字了，只是时代久远，竹简腐烂，文字没有保留下来。现在能看到的最早的竹简是战国时期楚国的（图5-27、图5-28）。其内容主要是古代的典籍，也有一些陪葬品的清单和占卜的记录。

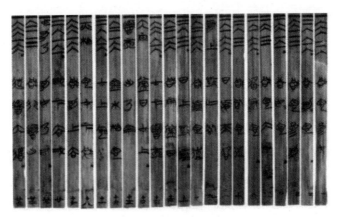

图5-27　清华战国楚简

图5-28　郭店楚简

竹简的制作方法是先把竹子截成一定的尺度,再削成一定宽度的片状。书写前把青竹子用火烘烤,让里面的水分蒸发出来,像人出汗一样,叫作"汗青",也叫"杀青",是为了便于书写和防止虫蛀。竹片烤好之后,用毛笔在上面写字,写好的竹片用丝绳系联起来,就是当时的书了。"册"这个字就像把竹片用丝绳系联起来的样子。《史记·孔子世家》说,孔子"读《易》,韦编三绝"。意思是孔子反复读《易经》,以致于系竹片的皮绳都断了好多回。因为"汗青"或"杀青"是写书的一道工序,后来人们就把书稿写成叫作"汗青"或"杀青",如《新唐书·刘子玄传》:"头白可期,汗青无日。"(头发什么时候变白可以预料,书什么时候写成却无法预期。)"汗青"也特指史册,文天祥《过零丁洋》:"人生自古谁无死,留取丹心照汗青。"

(2)帛书文字

帛书是在丝帛上写的文字,"帛"是未经染色的丝织品。现在见到的最早的帛书是战国时期楚国的(图5-29)。楚帛书长38.5厘米,宽46.2厘米,有字九百多,还有图画。内容主要是论述敬天顺时的思想和四时形成的神话,以及每个月的禁忌等。

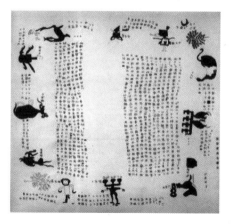

图5-29　楚帛书及局部

(3)玉石文字

玉石文字是在石头和玉片上刻写的文字。石头上的文字主要指秦国的石鼓文。石鼓是形状像鼓一样的石头,是唐朝时在陕西发现的,有十个,每个高约三尺,直径约二尺。上面共有718字,是四言诗,记载了先秦时期君王田狩渔猎的事情。石鼓文的字体雄浑匀整,风格近于小篆。因为时间太久,许多字已被磨损,能辨识的有300余字(图5-30)。玉片上的文字主要是指侯马盟书,是在山西侯马晋国遗址发现的,有一千多件,多是用笔沾着朱砂写的,内容是晋国世卿赵鞅同卿大夫间举行的盟誓(图5-31)。《墨子·鲁问》有"则书之于竹帛,镂之于金石"的话,可以知道当时人们不仅在简帛上写字,也把一些重要的事情刻写在玉石上。

图5-30　石鼓文

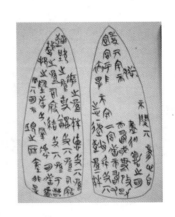

图5-31　侯马盟书及其摹本

（4）货币文字

货币文字是铸造在钱币上的文字。西周以前，货币主要是贝，所以现代汉字中有"贝"字旁的字还大都和钱财有关，如"费、购、赚、赔、贵、货"等。进入春秋战国后，金属货币开始出现。那时候各国货币的形制不一样，环形的钱币（圜钱，图5-32）主要在秦国使用，刀状的钱币（刀币，图5-33）主要在齐国、燕国使用，铲状的钱币（布币，图5-34）主要在韩、赵、魏等国使用，仿贝壳的蚁鼻钱（图5-35）主要在楚国使用。这些钱币上的文字不多，多是地名和钱币的标值。

漆垣一釿

珠重一两十三

图5-32　圜钱

图5-33　刀币：安阳之法化

图5-34　布币：正文殊布釿四，背文一货三釿货

图5-35　蚁鼻钱

（5）玺印文字

玺印文字是刻写在印章上的文字（图5-36）。"玺"就是印章的意思，最初不管什么人都可以把自己的印章叫作"玺"，秦始皇即位以后，规定只有皇帝的印章叫"玺"，其他人只能叫"印"。"印"字，甲骨文写作 ，上面是"爪"，下面是跪着的人，意思是用手按着一个人使其跪下。因为使用印章需要向下按压，所以用作印章的意思。玺印上的文字因为要迁就印章的空间和字体布局，有时候会变化形体，或省减笔画。

王间信玺（私印）　　　计官之玺（官印）　　　日庚都萃车马（官印）

图5-36　玺印文字

（6）陶器文字

战国时期还有陶器上的文字（图5-37）。这个时期的陶文和前面第二章讲的陶文不一样，第二章讲的是在陶器上刻画的近似图画的象形符号和线条状的几何符号，这里的陶文是指压印或者刻写在陶器上的文字，大多是人名和地名。

图5-37　战国陶文

2. 战国文字的形体结构

从上面各种载体的文字可以看到，战国时期的文字有了很多变化，和西周铜器铭文相比有很大的不同，有的笔画省简，有的形体讹变，有的面目全非。战国文字大体可以分为两部分，西方的秦国文字和东方的六国文字。秦国文字基本上继承周王朝的体系，也就是跟商代甲骨文、西周铜器铭文一脉相承，而发生变化的主要是六国文字。傅东华（1984）说："在开头的三百多年里头，周王朝的政权统一，字体也没有多大变化。东迁以后，西方的秦国渐渐强大起来，继承了西周的文化，使得西周体的文字向前发展。在东方呢，那些诸侯跟中央的关系若即若离，到了战国时代就终于各自为政，而形成一个'言语异声，文字异形'的局面了。"①

战国时期文字扩散到了民间，庶民、商人、手工业者都开始使用文字，其书写多省简潦草。王凤阳（1989）说："这些新涉足于文字应用者行列的人，他们的文化水平很低……他们就不去尊重文字的什么历史传统，不尊重文字的规范，而唯求它简易、迅速、易区别、好使用了。"②

例如"为"字，甲骨文写作 ，像一只手牵着一只大象，西周铜器铭文写作 ，战国时期楚国文字写作 、 、 、 、 、 等，楚国的这些"为"字，只有 还能看到 （手）的影子，另外的部分完全没有 （象）的模样了。

再如"信"字，秦国是"从人，从言"或"从仁，从言"，楚国是"从言，千声"（ ），三晋和燕国是"从言，身声"（ ）。③

---

① 傅东华（1984）《汉字》40页，上海教育出版社。
② 王凤阳（1989）《汉字学》117页，吉林文史出版社。
③ 李学勤主编（2013）《字源》175页，天津古籍出版社。

《说文解字》收录的是"从人,从言",但是后面列出两个古文,一是"从人,从口"(），一是"从言,从心"(）。

当时不仅东西方文字有不同,东方六国之间文字也有许多差异,看下面"战国秦系文字与六国文字对照表"。

表5-2 战国秦系文字与六国文字对照表[①]

小篆	西周正体	战国文字								
		秦	楚	齐			燕	三晋		中山
马										
者										
市										
年										

四、小篆

1. 小篆概述

秦始皇统一中国之后,为了改变当时"言语异声,文字异形"的局面,采纳了丞相李斯提出的"书同文"的奏请。《说文解字·叙》:"秦始皇初兼天下,丞相李斯乃奏同之,罢其不与秦文合者。斯作《仓颉篇》,中车府令赵高作《爰历篇》,太史令胡毋敬作《博学篇》。皆取史籀大篆,或颇省改,所谓小篆者也。"(秦始皇统一天下以后,丞相李斯就奏请把文字同一起来,废除那些与秦国文字不相同的字。李斯

[①] 引自詹鄞鑫(1991)《汉字说略》100页,辽宁教育出版社。

写了《仓颉篇》，中车府令赵高写了《爰历篇》，太史令胡毋敬写了《博学篇》，都采用的是史籀大篆的字体，有些字做了一些简化和改动，这就是人们所说的小篆。）

这里的"史籀大篆"是《史籀篇》里面的文字，《史籀篇》是西周时期史官籀写的儿童识字课本，有十五篇。后来人们用"大篆"或"籀文"泛称春秋战国时期秦国使用的文字，而"小篆"则专指李斯等人在大篆基础上整理后的文字。郭锡良（1981）说："篆书的得名是从写法上来的。《说文解字》说：'篆，引书也。'引是引申拖长的意思。当时已用毛笔写字，为了把字写得整齐，需要把笔画的长短疏密搭配匀称，一笔一笔要引长来写，以构成一个完整的形体，所以称作'篆书'。"①整理后的小篆笔画长短一致，字体匀圆整齐（如图5-38）。

图5-38　峄山刻石

---

① 郭锡良（1981）《汉字知识》52页，北京出版社。

小篆是从甲骨文、铜器铭文沿袭下来的，但是字形已经完全线条化了，象形的意味又少了很多。

2. 小篆的形体结构

李斯整理小篆不只是形体上整齐划一，结构上也有了许多改变，吴白匋（1978）说"（篆书）和金文对比，可以分析出它的特点有四：一、各种偏旁的形体是统一的。二、每个字所用的偏旁固定为一种，不用他种代替。三、每个字所用的偏旁有固定的位置，不能随意搬动。四、每个字书写的笔数和笔顺也是基本固定的。这些特点显示了当时整理文字所规定的原则。"①

高明（1996）也讲到同样的问题，他说："我们曾从实物资料中进行考察，即用未经整顿的先秦时代的文字资料，同已经整顿的秦代小篆一一分析比较。从彼此的差别中可以看到，凡是秦篆所具有的一些规范原则，正是在先秦字体中所缺少的。从而可以大体推测出当时采用了四项整理文字的规范措施。"②

高明还举例说明四种规范措施。一是固定各种偏旁符号的形体。例如："马"字，以前做偏旁时有不同的写法，偏旁不统一，字形就难以固定，小篆把"马"字确定为一种写法。二是确定每种形旁在字中的位置。例如："金"字，以前做偏旁时，可以在字的左侧，可以在字的右侧，也可以在字的上部，还可以在字的下部。偏旁位置不固定，势必影响字体的统一，小篆根据各种形旁的不同条件，分别确定在字中的不同位置，"金"字旁大都置于字的左侧，少量置于字的下部。三是每字形旁固定，彼此不能代用。例如："型"字，底下的"土"字旁也可以写作"田"字旁，同字而选用不同形旁，字的形体就无法统一，小篆规定每字所从形旁必须确定一种，不得随意更换。四是统一每字的书写笔

---

① 吴白匋（1978）从出土秦简帛书看秦汉早期隶书，《文物》第2期。
② 高明（1996）《中国古文字学通论》5页，北京大学出版社。

数。小篆将每字所用的偏旁形体、种类、位置,一一做了规定,书写笔数自然取得一致。[1]

通过规范整理,文字异形的现象得到改善。小篆是汉字历史上第一次有意识地进行规范整理的字体,汉字形体开始走向定型。

第二节 甲骨文、铜器铭文、战国文字、小篆知识在汉字教学中的应用

在前面的论述中,我们说到讲解汉字时应该尽量做汉字溯源,要利用甲骨文、铜器铭文、战国文字、小篆等古文字知识帮助汉字教学。一个字如果源于甲骨文,就应该从甲骨文讲起,甲骨文没有的,从西周铜器铭文讲起,以此顺延。

下面几个字例,它们的字义古今基本没有变化,但是字形不同,例如:"泉"有"水"字旁,这个很好理解,但是为什么字形是"白水"呢?就说不清楚了。如果我们根据甲骨文字形讲解,学生就容易记住"泉"的字形,明白"泉"的字义。

"泉"字,甲骨文写作 ,像水从泉眼中涌出之形,上面的"白"原本是泉眼。后来小篆写作 ,隶书变成上"白"下"水"的 。

"晨"字,甲骨文写作 ,像两只手拿着蚌制的农具"辰"去田里,因为去田里是黎明之时,所以表示早晨的意思。小篆写作 ,把两只手的"臼"写成"日",已经看不出原先的意思了。

"农"字,甲骨文写作 ,上面是"林",表示草木;中间是"辰",是蚌制的农具;下面是"又",也就是手。"农"的意思是手

---

[1] 高明(1996)《中国古文字学通论》166—167页,北京大学出版社。

持农具除草，即开垦种田。小篆写作 ![字], 已经看不出来原先的意思了。楷书写作"農"，现代简化字写作"农"。

"齐"字，甲骨文写作 ![字]，像田地里谷穗长得齐整的样子，庄稼成熟时，远望去是齐整的一片。小篆写作 ![字]，隶书写作 ![字]，楷书写作"齊"，现代简化字为"齐"。

有些字，如前面讲过的"刀、山、水、火、鱼、象"等，商代铜器铭文比甲骨文更象形，更富有图画性，讲解时参照商代铜器铭文会更有说服力，这里再举几例：

"伐"字，甲骨文写作 ![字]，商代晚期铜器铭文写作 ![字]，左下角是拿着戈的手。

"韦"字，甲骨文写作 ![字]，商代晚期铜器铭文写作 ![字]，像多人围绕着城市。

许多字最早见于西周铜器铭文，例如：

"毛"字，西周铜器铭文写作 ![字]，像动物身上的毛。

"手"字，西周铜器铭文写作 ![字]，像手伸出五指形。

"本"字，西周铜器铭文写作 ![字]，指示树的根部。

"寒"字，西周铜器铭文写作 ![字]，像人在室内睡在草中，房子里面有冰。

"牙"字，西周铜器铭文写作 ![字]，像上下两个牙交错咬合。

"法"字，西周铜器铭文写作 ![字]，由"廌、水、去"三部分组成，"廌"是一种传说中可以辨别是非的神兽，见人争斗，会用角去触不正直者，使其离开；"去"表示离开；"水"表示法律像水一样公平。楷书写作"灋"，后来省去"廌"写作"法"。

"寇"字，西周铜器铭文写作 ☒，"宀"是房屋，"攴"是手持械器击打，"元"是人头，意思是进室内持杖击人。

讲解甲骨文时，可以手书甲骨文，也可以用简短清晰的甲骨文图片让学生指认学过的字。若能讲解一两个简单的句子，让学生看懂，就会增强他们学习汉语的信心。甲骨文中的句子很多是日常生活内容的占卜，前面我们举过一些例子，如果稍加解释，对成年的外国学习者来说并不难。

认读甲骨文字最好不要用摹本，要用照片或者拓片，这样有真实感，学生也会有成就感。现在网上这一类的资料很多，不但有甲骨文片，还有铜器及其铭文的图片。

讲解铜器铭文最好也能给出铜器图片，这样可以增强教学的直观效果，同时还能展示中华文明历史和中华艺术瑰宝。引用铜器铭文时，老师应该知道钟、鼎、尊、簋、盘、壶、爵、卣、斝、豆等基本的铜器名称及其用途。

战国文字和现代汉字有着许多联系，一些现代汉字常用字是战国时期出现的，例如：

红（红）、哭（哭）、芺（笑）、寸（寸）、草（草）、医（医）、纸（纸）、堂（堂）、觉（觉）、完（完）、玩（玩）、思（思）、代（代）、表（表）、场（场）、劳（劳）、冠（冠）、负（负）、票（票）、尉（尉）、穿（穿）、双（双）、开（开）、结（结）、助（助）、货（货）、辱（辱）、牵（牵）、希（希）、炊（炊）、凶（凶）、闻（闻）。

也有些字是在战国时期定型的，相比于前期，有些字增加了偏旁，有些字改变了偏旁位置，例如：

"乱"字，西周铜器铭文写作 ![图], 像两只手在整理丝线，战国时加注"乚"，写作 ![图]（亂），意思是已经整理好的。

"玉"字，甲骨文写作 ![图]，像丝绳连起来的三块玉，西周铜器铭文写作 ![图]，战国时为了与"王"字区别开来，加"丶"写作 ![图]。

"华"字，西周铜器铭文写作 ![图]，像草木之花，战国时加注"艸（艸）"写作 ![图]（華）。

"閒"字，西周铜器铭文写作 ![图]，像门缝中可以看到月亮，战国时把"月"字放在"门"里面写作 ![图]。

还有的完全改变了形体，例如：

"闻"字，甲骨文写作 ![图]，像一个人跪坐在那里，用手附耳，表示仔细听。到了战国时期，写作 ![图]，为形声字，从耳，门声。《说文解字》："闻，知闻也。从耳，门声。"（闻，意思是听说了。"耳"表示字义，"门"表示读音。）

有的简化字源于战国时期，例如"弃"字，甲骨文写作 ![图]、![图]，像双手执簸箕将婴儿遗弃，战国文字省去中间的簸箕形（![图]），写作 ![图]。

讲解战国时期文字异形的情况和后来李斯的"书同文"，可以让学生了解正确书写汉字的重要性。还有一些双音词、成语跟战国时期的文字载体竹简、帛书有关，如"汗青、杀青、韦编三绝、断编残简、罄竹难书、功垂竹帛、学富五车、汗牛充栋"等，结合竹简和帛书的知识讲解这些词语，可以帮助学生理解汉语词汇。

第五章　汉字发展演变与汉字教学（上）

距离现在最近的古文字是小篆，小篆数量多，基本上包含了所有的现代汉字，有许多汉字最早见于小篆，如：䏚（看）、想（想）、講（讲）、閃（闪）、頂（顶）、題（题）、領（领）、理（理）、醉（醉）、醒（醒）、甜（甜）、羨（羡）、準（准）、舅（舅）、供（供）等。甲骨文、铜器铭文里没有的字，《说文解字》里基本都可以找到。

小篆去古不远，虽然字形有了很多变化，象形意味减少了许多，但是大部分字仍然可以用来溯源。殷焕先（1983）说："篆文跟图画之间，仍然藕断丝连，在笔画上、字体上仍然存在着比较可以捉摸的对应关系，也就是说，人们从篆文之形还可以比较容易地推想出它所表达的客观事物之形亦即摹写事物之原始文字之形而知其义。"①

《说文解字》收录并分析了9353个小篆的形音义，教学时如果某个古文字有多种形体，无法确定其形义时，可依《说文解字》的说解。

当然，许慎没有见过甲骨文，从甲骨文到小篆，字形变化很大，所以有一些解释不准确，甚至是错误的，例如："为"字，许慎根据小篆解释为"母猴"；"昔"字，许慎根据小篆解释为"干肉"；"出"字，许慎根据小篆解释为"象艸木滋生"；"力"字，甲骨文写作𠃜，像耒（翻地的农具）的形状，许慎根据小篆𠔋解释为"筋也，像人筋之形"。

但是瑕不掩瑜，《说文解字》绝大多数的解释都是准确可信的。裘锡圭（1985）说："古文字学发达以来，学者们指出了《说文》篆形和解释上的不少错误。但是这并没有从根本上影响《说文》的价值，也没有降低《说文》对古文字的重要性。《说文》是资料丰富、体系严密的一部小篆字典，是古文字和今文字（即隶书、楷书）之间的一道桥梁。

---

① 殷焕先（1983）谈汉字的"见形知义"，《文字改革》第3期。

如果没有《说文》，不少字在古文字里和隶、楷里的字形就很难联系起来了，要把这些字的古文字辨认出来也就比较困难了。"[1]

《说文解字》成书于汉代，对于非中文专业的教师来说，如果阅读有难度，可以参考汤可敬的《说文解字今释》（增订本）[2]，里面有现代汉语译文和注释，还有甲骨文、铜器铭文参证，方便好用。

利用古文字讲解汉字时，首选甲骨文；甲骨文没有的，用铜器铭文；铜器铭文没有的，用小篆。即便是甲骨文、铜器铭文有的，也可以跟小篆对照讲解，这样可以给学生展示汉字发展演变的过程。

本章小结

甲骨文是商朝晚期刻写在龟甲兽骨上的文字，主要是占卜问辞。因为甲骨不易刻写，所以笔画有很多简省。甲骨文是早期文字，字形和结构大都没有定型，许多字有不同的写法。铜器铭文是铸刻在铜器上的文字，从商朝中期一直延续到春秋战国。商朝晚期的铜器铭文图画意味很浓，进入西周以后，铜器铭文字数增多，字体开始线条化，象形意味逐渐减少，字形也日益整齐，一些字的结构也发生了变化。到了战国时期，除了铜器铭文以外，还有其他载体上的文字，如竹简文字、帛书文字、玉石文字、玺印文字、货币文字和陶器文字等。战国文字形体发生了很多变化，出现了很多俗体字。战国时期是汉字字形最纷乱的时期。秦始皇统一中国后，李斯整理六国文字，废除了与秦国文字不合的文字，整理后的文字叫作小篆，是秦朝的标准文字。小篆是汉字历史上第一次有意识地规范整理的字体，汉字形体由此开始走向定型。国际汉语教学中要利用古文字形体帮助汉字教学，许多字只有在古文字中才能知

---

[1] 裘锡圭（1985）谈谈学习古文字的方法，《语文导报》第 10 期。

[2] 汤可敬（2018）《说文解字今释》（增订本），上海古籍出版社。

道其构字意图，才能知道字形和字义的关系。因为许多字源于小篆，而许慎又都做了注释，所以小篆常常被用来讲解汉字的形音义。

思考题

1. 甲骨文是什么时候的文字？它的特点是什么？
2. 什么是铜器铭文？商朝铜器铭文为什么比甲骨文更象形？
3. 战国时期的文字载体有哪些？
4. 李斯为什么提出要"书同文"？
5. 如何利用古文字帮助汉字教学？

参考书目

赵诚（2005）《甲骨文字学纲要》，中华书局。

高明（1996）《中国古文字学通论》，北京大学出版社。

蒋善国（1959）《汉字形体学》，文字改革出版社。

黄德宽、陈秉新（2006）《汉语文字学史》（增订本），安徽教育出版社。

詹鄞鑫（1991）《汉字说略》，辽宁教育出版社。

第六章

汉字发展演变与汉字教学(下)

第一节　隶书、草书、楷书、行书概述

一、隶书

1. 隶书概述

隶书在战国晚期就出现了，是在秦国文字简省快捷写法的基础上形成的。《晋书·卫恒传》说："隶书者，篆之捷也。""捷"就是简易快捷的意思。

隶书是秦国百姓日常生活中使用的俗体，到了秦朝，成为小篆之外的一种辅助性的字体，小篆用于正式隆重的场合，隶书则用于普通的事务。《说文解字·叙》："是时秦烧灭经书，涤除旧典，大发隶卒，兴役戍，官狱职务繁。初有隶书，以趣约易，而古文由此绝矣。"（这个时候，秦始皇焚烧经书，清除古籍，大规模地征发士卒，大兴戍卫和徭役，官府衙狱事务繁多。于是出现了隶书，使书写趋于简易，古文字体从此绝迹了。）

《晋书·卫恒传》说："秦既用篆，奏事繁多，篆字难成，即令隶人佐书，曰隶字。"（秦朝已经开始使用小篆，因为奏疏的事情特别多，用篆书难以写成，于是让隶人帮助抄写，这种字体叫作隶字。）依《晋书》的说法，"隶书"之"隶"源于隶人。"隶人"是低层的小官吏，《左传·昭公四年》："舆人纳之，隶人藏之。"杜预注："舆、隶皆贱官。"（"舆""隶"都是职位低贱的官吏。）

隶书有"古隶"和"今隶"之分。战国时期和秦代的隶书还有篆书的痕迹，人们称之为"古隶"或者"秦隶"（如图6-1、图6-2）。到了汉代，隶书成为官方通用的字体，经过美化加工，成为一种风格特殊的字体。笔画之间有波势，特别是撇和捺在收笔时都先向下压再向上挑。一些比较长的横画，起笔时往往有下垂的点顿，收笔时也略微向上挑，这种压挑俯仰的笔势使得隶书的字体工整精巧而又舒展优美，人们称之为"今隶"或者"汉隶"（如图6-3）。

图6-1　云梦睡虎地秦简（战国晚期）

图6-2　里耶秦简（秦朝）

图6-3　乙瑛碑（东汉）

2. 隶书的形体结构

隶书和小篆有很大的不同，隶书呈扁方形，由"点、横、竖、撇、捺"等笔画组成，完全丧失了象形性。从小篆到隶书是中国文字史上一次巨大的变革，人们称之为"隶变"，隶变前的文字属于古文字，隶变后的属于今文字。

隶书的变化有两部分。一是形体变化，从外观来看，扁方形的隶书完全不同于长圆形的小篆。例如：

鱼燕鸟马焦無　　魚燕鳥馬焦無　　魚燕鳥馬焦無
焚黑光赤票尉　　焚黑光赤票尉　　焚黑光赤票尉
雷星尿香書霍　　雷星尿香書霍　　雷星尿香書霍

二是结构变化，大致有下面几种情况：

（1）把不同的偏旁写成同样的形状。看上面第一行，"魚"字下面原本是鱼尾；"燕"字甲骨文写作🕊，下面原本是燕尾；"鳥"字下面原本是鸟爪和鸟尾；"馬"字下面原本是马腿和马尾；"焦"字甲骨文写作🕊，像鸟在火上烤焦，下面原本是火；"無"是"舞"的本字，甲骨文写作🕊，像人手持舞具在跳舞，下面原本是人的脚和舞具。这几个字隶书下面都写作"灬"。

（2）把相同的偏旁写成不一样的形状。看上面第二行，"焚、黑、光、赤、票、尉"原本都是"火"字旁，隶书把这些"火"字旁写成不一样的形体。

"黑"字，春秋早期铜器铭文写作🕊，像火焰把烟囱熏黑。

"光"字，甲骨文写作🕊，上面是火，下面是人，意思是火在人上为光亮。

"赤"字，甲骨文写作 ▨，上面是大，下面是火，意思是说火大则其色赤红。

"票"字，战国文字写作 ▨，下面是火，上面部分的意思是升高。《说文解字》："票，火飞也。"意思是火星飞迸。

"尉"字，战国文字写作 ▨，右边是手，左下是火，左上是叾（夷），表示平展，意思是手持熨斗熨衣服。《说文解字》："尉，从上案下也。从叾、又持火，以尉申缯也。"（尉，意思是从上面按压下面。"叾"表示平展，手拿着火，用来熨平缯帛。）

（3）省减字的一部分。看上面第三行，省去字的一部分，例如："靁"省减为"雷"，"曐"省减为"星"，"厤"省减为"尿"，"蒼"省减为"香"，"䟆"省减为"書"，"䨊"省减为"霍"等等。

"香"字，甲骨文写作 ▨，上面是"黍"，下面是器皿"口"，像器皿中盛有黍稷，本义是指黍稷的香味，隶书把"黍"省减为"禾"。

"書"字，西周铜器铭文写作 ▨，上面像以手执笔，下面是表示读音的"者"，本义是用笔书写，隶书省去"者"的上半部写作"書"。

"霍"字，甲骨文写作 ▨，"雨"字下面三个"隹"，西周铜器铭文有两个"隹"的 ▨，本义是群鸟在雨中疾飞的声音。《说文解字》："䨊，飞声也。雨而双飞者其声霍然。"（霍，意思是飞的声音。雨中双鸟齐飞，声音霍霍作响。）隶书把两个"隹"省减为一个。

（4）偏旁变形，小篆里一个字无论单独书写还是做偏旁都是一种写法，隶书则把一些部位的偏旁写成简易形状，例如：

伐 把 被 部 院 祖 刺 酒 送

"尺"写作"亻","乎"写作"扌","夜"写作"衤","邑"写作"阝","冃"写作"阝","示"写作"礻","刀"写作"刂","水"写作"氵","辵"写作"辶"。有的字在不同的部位写成不同的形体,例如:小篆的"思、恨、恭",隶书写作"思、恨、恭","心"字在字的下面时写作"心",在左边时写作"忄",在下面半包围中写作"小"。

(5)改变字的结构,例如"拳"写作"年","雪"写作"更","衷"写作"表"等。

二、草书

在隶书成为汉代官方正式字体而日趋规整的时候,一种书写快捷、简便,形体简单、潦草的字体出现了,叫作"草书"。草书原先是用来起草文稿和写信用的,"草"是简单、潦草的意思。

汉字简单、潦草的写法古已有之,前面说了,相对于殷商铜器铭文,甲骨文是一种简单、潦草的字体;相对于秦国篆书,古隶是一种简单、潦草的字体;相对于汉代隶书,草书也是一种简单、潦草的字体。草书写起来快捷、简便,唐代张怀瑾《书断》说:"章草即隶书之捷。"

草书简单、潦草的写法影响到后来的汉字形体,后世许多简体字来自草书楷化,"草书楷化"就是把草书的字形用楷书的笔法加以规范改写并固定下来。

草书按照出现时间和字形分为三种,汉代的时候,草书写得比较规矩整齐,看起来有条理,有章法,称为"章草"(如图6-4)。到了魏晋时期,草书写得比较潦草,许多笔画连在一起,称为"今草"(如

图6-5）。到了唐朝，有的草书写得非常潦草，称为"狂草"（如图6-6）。"狂"是漫无章法，随心所欲的意思。狂草太潦草，字和字之间的笔画许多连在一起，难以辨认，所以不为实用，只是用来观赏。

图6-4　张芝《秋凉平善帖》（章草）

图6-5　王羲之《十七帖》（今草）

图6-6　张旭《肚痛帖》（狂草）

三、楷书

"楷书"是由隶书演变而来的，人们为了方便书写就把隶书扁平的形体改为竖长方形，特别是把波折的笔画改为横平竖直。楷书这种写法汉朝末年就出现了，魏晋以后成为官方通行文字，一直使用至今。"楷"是楷模的意思,楷书是指可以作为楷模的字体,又称"真书""正书"(如图6-7)。

图6-7　钟繇《宣示表》

四、行书

唐张怀瓘《书断》说:"行书者,后汉颍川刘德升所作也。即正书之小伪,务从简易,相间流行,故谓之行书。""小伪"就是小变的意思,行书是楷书写得稍微潦草,又没有草书那么潦草,是介于楷书和草书之间的一种字体。宋苏轼《书唐氏六家书后》说:"真如立,行如行,草如走。"苏轼说的"行"就是走,"走"就是跑,意思是说,楷书像站立,行书像走动,草书像奔跑。行书始于汉朝末年,盛行于魏晋,一直使用至今,是手写体的主要形式(如图6-8)。

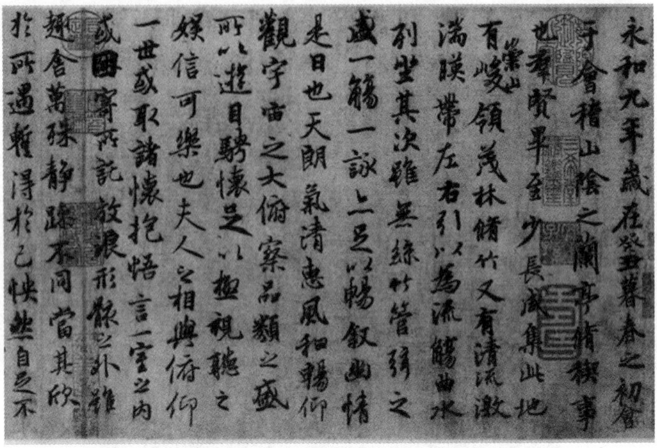

图6-8 王羲之《兰亭集序》

五、汉字形体演变的主要趋势

纵观汉字发展历史，从约3500年前的甲骨文到今天使用的楷书，从具有很强的图画性的象形字体到"横、竖、撇、点、折、钩"笔画组成的符号性字体，汉字演变总的趋势是：由象形到不象形，由不定型到定型，由不规范到规范，由繁复到简化。

不过在汉字发展史上也有"繁化"的现象，李荣（1980）说："文字为了便于书写，要求形体省略，有简化的趋势。文字为了便于理解，要求音义明确，有繁化的趋势。这两种趋势都是古已有之的。"[1]我们这里说的繁化，是指为明确词义和读音而添加偏旁的现象，不是指假借字为区别词义添加偏旁分化出新字的繁化。[2]例如：

"磬"字，甲骨文写作 ，由丝绳、石磬、手、击槌组成。小篆为了强调是石制的乐器，加"石"写作 。

---

[1] 李荣（1980）汉字演变的几个趋势，《中国语文》第1期。
[2] 这一部分可参看王凤阳（1989）《汉字学》804—814页，吉林文史出版社。

"逐"字，甲骨文写作 ![图], 由"豕"和表示脚的"止"组成，意思是追逐猎物。西周铜器铭文为了强调在路上追赶，加"彳"写作 ![图]。

"走"字，甲骨文写作 ![图]，像一个人摆动双臂跑步的样子。西周铜器铭文为了强调跑步义，在人下面添加表示脚的"止"，写作 ![图]。

"盥"字，甲骨文写作 ![图]，像一只手在盆子里洗手。春秋铜器铭文为了明确字义，改为两只手，并且把水滴换成流水，写作 ![图]。

"齿"字，甲骨文写作 ![图]，像两排牙齿，战国时期添加声符"止"，写作 ![图]。

第二节 隶书、草书知识在汉字教学中的应用

一、隶书知识在汉字教学中的应用

汉字教学中隶书是一个很重要的环节，对于隶变时形体和结构变化的字，可以通过与小篆的对比，帮助学生理解字义，书写字形，特别是那些变形的偏旁。下面我们看一下"阝"的本义和隶变前后字体的变化，以及一些"阝"旁字的含义。

"阝"旁在现代汉字中有两个位置，一个在字的左边，一个在字的右边。

（1）左边的"阝"是"阜"字变来的，"阜"字，甲骨文写作 ![图]，像土山的形状，小篆写作 ![图]。到了隶书，在字左边时写作"阝"，俗称"左耳旁"。左耳旁的字大都跟地势高低不平有关，例如：

"阳"是指山南水北向阳的一面。

"降"甲骨文写作 ![], 意思是从高处下来。和"降"字相反的是"陟", 甲骨文写作 ![], 意思是从低处往高处走。两者不同之处在于前者脚趾朝下, 后者脚趾朝上。

常见的还有"台阶"的"阶"、"陡坡"的"陡"、"陷落"的"陷"、"危险"的"险"等。

有一些左耳旁的字, 今天的意思跟地势高低没有关系, 但是最初的意思都跟地势高低有关系。例如:

"扫除"的"除"本义是指宫廷的台阶,《说文解字》:"除, 殿陛也。从阜, 余声。""殿陛"就是宫殿的台阶。《汉书·李广苏建传》:"扶辇下除, 触柱折辕。"(扶着皇帝的车子下台阶, 碰到柱子, 折断了车把手。)后指一般的台阶, 明朱伯庐《治家格言》:"黎明即起, 洒扫庭除。"(天一亮就起来, 打扫庭院台阶。)

"陪伴"的"陪"本义是重叠的土堆。《说文解字》:"陪, 重土也。从阜, 咅声。"(陪, 意思是重叠的土堆。"阜"表示字义,"咅"表示读音。)

同类的例子还有"院、附、际"等。"院"本义是院子的围墙,"附"本义是小土山,"际"本义是指两堵墙相接处的缝隙。

(2) 右边的"阝"是"邑"字变来的。"邑"字, 甲骨文写作 ![], 上面的"口"像城郭; 下面是跪坐的人, 合起来表示人聚居的地方。小篆写作 ![], 到了隶书, 在字右边时写作"阝", 俗称"右耳旁"。有右耳旁的字大都跟地方、区域有关系。例如:

"都"本义是国都,"郭"本义是外城,"郊"本义是城市周围地区。"部"本来是一个地名,《说文解字》:"部, 天水狄部。从邑, 咅声。"(部, 意思是天水郡狄部。"邑"表示字义,"咅"表示读音。)

常见的还有"联邦"的"邦"、"郡县"的"郡"、"边鄙"的"鄙"、"邻里"的"邻"等等。

有一些右耳旁的字，现在的意思跟地方没有关系，但是最初的意思都跟地方、区域有关系。例如：

"那"原本是地名，《说文解字》："那，西夷国。从邑，冄声。"（那，意思是西方少数民族诸侯国。"邑"表示字义，"冄"表示读音。）

同类的例子还有"邮、郎、邪"等。"邮"本为亭名，故地在今陕西省高陵县内。"郎""邪"原本也都是地名。

因为人的姓有一部分是从地名来的，所以一些表示姓氏的字都有右耳旁，如"邓、郑、邱、邹、邢、郝、邵、邝"等。

在讲解"阝"旁的字时，不管"阝"旁在左边还是在右边，都要给学生说明它们跟耳朵没有关系，是隶书合并简化"阜""邑"二字形成的。一个字的"阝"旁应该在左边还是右边，外国学生常常记不住，如果他们明白了"阝"旁的来龙去脉，写字的时候就不容易写错了。比如，学生知道了姓的一部分源自地名，写"邓、郑、邱、邹、邢"这些姓时，就不会把"阝"旁写在左边了。

二、草书知识在汉字教学中的应用

现代汉字中有一些简化字是草书楷化而来的，草书在快捷、简便的书写过程中，有的省去一部分字的部件，例如："孫"写作"孙（孙）"，"層"写作"层（层）"，"壽"写作"寿（寿）"，"時"写作"时（时）"等；有的只是写出一个大致的轮廓，例如："車"写作"车（车）"，"書"写作"书（书）"，"專"写作"专（专）"，"馬"写作"马（马）"，"爲"写作"为（为）"，"東"写作"东（东）"，"樂"写作"乐（乐）"，

"農"写作"𢉖（农）"，"寫"写作"写（写）"等。

有人做了统计，在1986年公布的《简化字总表》中，属于草书楷化的字有150个，其中单独简化字79个，可类推简化字71个。另外还有可类推简化偏旁13个。①这些字有的定型于汉代，有的定型于魏晋，有的定型于宋代以后。②下面是宋人米芾临摹东晋王羲之的草书，旁边有楷书做比照，我们可以看到当时"书、马、为、时、当"这几个字草书的简化写法（图6-9）。

图6-9 米芾临《十七帖》

---

① 徐秀兵（2012）"草书楷化"与楷书规范字形的系统优化，《爱知大学国际问题研究所纪要》第140号。

② 吴立业、陈双新（2019）草书揩化字研究，《中国文字研究》第1期。

在教学中，对于草书楷化形成的简化字，不妨把原字和草书列出来做一个对比，展示字体形成的轨迹。讲解来自草书的简化字，对比是一个帮助理解和记忆的方法，也是一种理据性的教学。

本章小结

隶书出现于战国晚期，由秦国篆书草率简写而成。隶书易写，在秦朝时作为辅助性文字和篆书同时存在。到了汉朝，隶书成为官方通用文字。隶书的"点、横、竖、撇、捺"等笔画使得汉字彻底脱离了象形的意味，走向符号化。隶书的结构也有很多变化，现代汉字的一些写法，特别是偏旁的简略写法源于隶书。隶书形体和结构的变化是中国文字史上一次巨大的变革，人们称之为"隶变"。隶变前是古文字，隶变后是今文字，隶书是汉字演变史上的分水岭。草书由隶书草写而成，不仅形体上很大的不同，结构也有一些变化，一些草书字形楷化后，成为简体字。楷书源于隶书，为了书写方便，把波折的笔画变成了横平竖直。行书是潦草的楷书体，但又比草书整齐。汉字到了楷书和行书的阶段，基本上再没有什么变化。汉字教学中需要掌握隶书知识，熟悉从小篆到隶书的各种变化，通过对比隶书和小篆让学生明白汉字形体的来源。一些简化字是由草书楷化而来的，教学中可以比照草书讲解这些字的构形。

思考题

1. 隶书在形体结构上有哪些特点？
2. 什么是"隶变"？为什么说隶书是古文字和今文字的分水岭？
3. 什么是"草书楷化"？草书和简化字有什么关系？
4. 简述隶书、楷书、草书、行书的成因和特点。

5. 如何利用隶书和草书帮助汉字教学？

参考书目

曾宪通、林志强（2011）《汉字源流》，中山大学出版社。

裘锡圭（2013）《文字学概要》（修订本），商务印书馆。

蒋善国（1959）《汉字形体学》，文字改革出版社。

王凤阳（1989）《汉字学》，吉林文史出版社。

李大遂（2003）《简明实用汉字学》，北京大学出版社。

第七章

汉字的偏旁、部首、部件、笔画与汉字教学

第一节 偏旁、部首、部件、笔画概述

一、偏旁

1. 偏旁的形成及作用

我们在第四章说过,当象形和指事的造字方法不能满足词语表达时,人们便把两个或两个以上的字会合起来表示某种含义,就是会意字,组成会意字的各个部分就是偏旁。第四章也说了,在假借字上加注意符避免词义混淆,在象形字上加注声符明确字音,就成了形声字,组成形声字的各个部分也是偏旁。

偏旁的作用是表示字义或者字音,表示字义的是形旁,也叫"形符"或者"意符";表示字音的是声旁,也叫"声符"或者"音符"。

会意字的偏旁都是形旁,两个形旁合起来表示字的含义,第四章我们举了很多例子,这里再举两个:"采"字,甲骨文写作 ,由"手"和"木(树)"组成,表示人在树上采集东西。"弄"字,甲骨文写作 ,由"玉"和"廾(双手)"组成,表示双手捧着玉把玩。

也有由两个以上偏旁组成的会意字,例如:"监"字,甲骨文写作 ,由器皿、跪坐的人和大眼睛组成,意思是一个人跪坐在水盆前照看自己的影子。"卿"字,甲骨文写作 、由食器和两个对面跪坐的人组成,意思是二人相对而食。"盥"字,甲骨文写作 ,由器皿、手和水组成,意思是在盆子里洗手。

形声字的偏旁有两类。一是表示字义的形旁,二是表示字音的声旁。例如："沐"字，"氵"是形旁，表示字义跟水有关；"木"是声旁，表示读音是"mù"。"湖"字，形旁"氵"表示字义跟水有关，声旁"胡"表示读音是"hú"。

有的偏旁既表义又表音，《说文解字》"从某，从某，某亦声"的"亦声"，就是说会意字的形旁兼表读音，即"会意兼形声"。例如：

"坪"字，《说文解字》："坪，地平也。从土，从平，平亦声。"（坪，意思是地面平坦。"土"和"平"合起来表示字义，"平"也表示读音。）

"琥"字，《说文解字》："琥，发兵瑞玉，为虎纹。从玉，从虎，虎亦声。"（琥，意思是发兵凭证的玉器，刻有老虎的花纹。"玉"和"虎"合起来表示字义，"虎"也表示读音。）

"娶"字，《说文解字》："娶，取妇也。从女，从取，取亦声。"（娶，意思是娶妻。"取"和"女"合起来表示字义，"取"也表示读音。）

有人认为这种情况属于"声兼义"，是形声字的声旁兼表字义，即"形声兼会意"。例如：同是"娶"字，段玉裁《说文解字注》说："娶，取妇也。取彼之女为我之妇也。经典多叚取为娶。从女，取声。说形声包会意也。"（娶，意思是取妻，娶别人家的女子做我的妻子。经典中多借"取"表示"娶"。"女"表示字义，"取"表示读音，这是形声字声旁兼表字义。）

这类字究竟是会意字形旁兼表读音，还是形声字声旁兼表字义，至今没有统一的说法。我们认为只要有表音成分就应归于形声字，是形声字的声旁兼表字义。《说文解字》9353字，"亦声"字有213个。[①]

关于声旁表义，宋代王圣美提出"右文说"。左右结构的形声字

[①] 黄宇鸿（1995）试论《说文》中的"声兼义"现象，《广西师范大学学报》（哲学社会科学版）第1期。

大部分是左形右声，表义形旁在左边，表音声旁在右边，而王圣美认为右边的声旁也表义。沈括《梦溪笔谈》说："王圣美治字学，演其义以为右文。古之字书，皆从左文。凡字，其类在左，其义在右。如木类，其左皆从木。所谓右文者，如戋，小也。水之小者曰浅，金之小者曰钱，歹而小者曰残，贝之小者曰贱。如此之类，皆以戋为义也。"这段话大意是说，王圣美研究文字学，分析字义认为右文表义。古代的字书大都以字的左偏旁归类。一个字它的属类在左，字义在右。如表示树木的字，左边都是木字旁。所谓右文，如右偏旁的"戋"意思是"小"，用"戋"做偏旁的字都含有"小"义：小的水流叫"浅"，小的金属叫"钱"，小的裂骨叫"残"，小的钱贝叫"贱"。这一类的字都是用"戋"表示字义。"右文说"主要用于同源词的研究。

2. 偏旁的省减

偏旁省减是指造字之初或者用字之中，人们为了形体整齐匀称或者书写方便，把一些字的偏旁省去了其中一部分，有"省形"和"省声"两种。

（1）省形

省形是把表义的形旁省去一部分。省形包括会意字和形声字，例如：

"孝"字，《说文解字》："孝，善事父母者。从老省，从子。子承老也。"［孝，意思是善于侍奉父母的人。"老"和"子"合起来表示字义，"老"表示字义时省去一部分（下面的"匕"），"子"表示子女承奉老人。］

"亭"字，《说文解字》："亭，民所安定也。亭有楼。从高省，丁声。"［亭，意思是人们安定的处所。亭上有楼。"高"表示字义，省去一部分（下面的"口"）；"丁"表示读音。］

"考"字，《说文解字》："考，老也。从老省，丂声。"［考，意思是老人。"老"表示字义，省去一部分（下面的"匕"）；"丂"表示读音。]

"寤"字，《说文解字》："寤，寐觉而有信曰寤。从㝱省，吾声。"[寤，从梦中醒过来而有话说叫作寤。"㝱"表示字义，省去一部分（右下的"夢"）；"吾"表示读音。]

省形的例子比较少，省形虽然书写方便了，字体整齐匀称了，但是由于形旁残缺，造成字义表达不准确或者无法表示，例如："亭"指有楼的高层建筑，这在形旁中看不来了。

（2）省声

省声是把表音的声旁省去一部分，例如：

"觉"字，《说文解字》："觉，寤也。从见，学省声。"[觉，意思是醒悟、明白。"见"表示字义；"学"表示字音，省去一部分（下面的"子"）。]

"疫"字，《说文解字》："疫，民皆疾也。从疒，役省声。"[疫，意思是瘟疫、传染病。"疒"表示字义；"役"表示字音，省去一部分（左边的"彳"）。]

"珊"字，《说文解字》："珊，珊瑚，色赤，生于海，或生于山。从玉，删省声。"[珊，意思是珊瑚，红色，生于海中，或生于山上。"玉"表示字义；"删"表示字音，省去一部分（右边的"刂"）。]

"赛"字《说文解字》新附："赛，报也。从贝，塞省声。"[赛，意思是祭祀酬报神恩。"贝"表示字义；"塞"表示字音，省去一部分（下面的"土"）。]

"省声"的现象比较多。省声造成声旁残缺，使其无法表音。例如："觉"看不出声旁是"学"字，"疫"字看不出声旁是"役"字，"珊"字看不出声旁是"删"字，"赛"字看不出声旁是"塞"字，自然也就难以根据声旁读出它们的字音了。

3. 偏旁的位置

当初造字的时候，很多偏旁的位置在不影响表义的前提下是比较随意的，例如："男"字，甲骨文写作 ⿰、⿱、⿲、田（田）是耕地，丿（力）是农具"耒"，"田""耒"合起来表示在地里耕作的男人，"耒"在"田"的上下左右什么位置都可以。前面讲过的甲骨文会意字"好、伐、昔、名"都是如此。下面我们来看一组形声字的例子，甲骨文里形声字的偏旁也是随意的，例如：

"凤"字，甲骨文写作 ⿰，也写作 ⿱、⿲，表示读音的声旁"凡"可以在右边，也可以在左边，还可以在上边。

"鸡"字，甲骨文写作 ⿰，也写作 ⿱，声旁"奚"可以在左边，也可以在右边。

"汝"字，甲骨文写作 ⿰，也写作 ⿱，河水名。"水"可以在左边，也可以在右边。

偏旁位置在小篆时基本固定了下来，前面讲到"右文说"时说到，一般来说，左右结构的形声字表义形旁在左边，表音声旁在右边。例如："嫔、娥、妨、姑、妈"的形旁"女"在字的左边；"论、伦、轮、抢、沦"的声旁"仑"在字的右边。常用的形旁"亻、氵、讠、纟、扌、钅、礻、衤"等大都在字的左边，但也有少数形旁在右边的，如"顶、颜、颗、颁、顿、颅、顾、颈"的形旁"页"，"歌、欢、欣、歇、歔、欺、欲"的形旁"欠"。

现代汉字形旁和声旁的位置主要有下面6种类型：

左形右声：妈、漂、桂、蝇　　右形左声：功、飘、鸠、部

上形下声：简、草、空、室　　下形上声：志、斧、灸、裘

外形内声：圆、裹、阁、匪　　内形外声：问、哀、辩、凤

此外，还有一类偏旁处在一个比较狭小的位置，多在字的角落，也

有夹在字的上部中间或者下部中间的。由于所处位置狭小，所以偏旁形体也就被挤压得比较小，这种情形我们称为"偏旁小位"。例如：

"疆"字，意为疆土，从土，畺声。形旁"土"在左下角。

"载"字，意为乘坐，从车，𢦒声。形旁"车"在左下角，同类的有"栽、裁、哉"等。

"颖"字，意为禾穗，从禾，顷声。形旁"禾"在左下角，同类的有"颍"等。

"荆"字，为灌木名，从艹，刑声。形旁"艹"在左上角。

"霸"字，意为初月，从月，䨣声。形旁"月"在右下角。

"修"字，意为修饰，从彡，攸声。形旁"彡"在右下角。

"赖"字，意为赢利，从贝，剌声。形旁"贝"在右下角。

"佞"字，意为巧言，从女，仁声。形旁"女"在右下角。

"腾"字，意为马跃，从马，朕声。形旁"马"在右下角，同类的有"䏦、滕"等。

"舆"字，意为车厢，从车，舁声。形旁"车"夹在上部中间。

"徽"字，意为绳索，从糸，微省声。形旁"糸"夹在下部中间。

"赢"字，意为获利，从贝，𡙸声。形旁"贝"夹在下部中间，同类的有"羸、蠃"等。

"徒"字，意为步行，从辵，土声。声旁"土"在右上角。

"碧"字，意为青色美石，从玉、石，白声。声旁"白"在右上角。

"鬻"字，意为米粥，从䰜，米声。声旁"米"夹在上部中间。

偏旁处在狭小的位置是为了字体结构的平衡和笔画的匀整。也有些偏旁位置会随着字体变化而变化，例如："嚞"字，小篆写作[图]，声旁"吉"蜗居在字的右下角，到了隶书，则在字的下面。梁东汉（1959）说，"小篆的字形是比较长方的……又如从'彡'的字如

'髪''髻''髫''鬟''髦''鬘'等，小篆写成🔣、🔣、🔣、🔣、🔣、🔣，把'镸'拉长，使它适应长方的形式，'彡'搁在右上角，约占右边三分之一的面积。到了隶书楷书，字体变成扁平，'髟'和"发"等的组合就采用上下两部分的形式。"①

还有的"偏旁小位"是隶变后偏旁形体发生变化形成的，例如："随"字，从辵，隋声。战国文字写作🔣，小篆写作🔣，"辵"在"隋"的左边。隶书的"辵"简写作"辶"，形体单薄了，为了结构平衡，插入"隋"字中间，写作"随"。

一般来说，汉字偏旁固定后不可以随便置换，如果置换则是不同的字，例如：

部—陪、含—吟、杏—呆、叨—召、忘—忙、叶—古、紊—纹、忠—忡、愉—愈、枷—架、裸—裹、晕—晖、景—晾、邑—吧、衿—衾、杳—呆

但是也有少数字偏旁位置置换而意思不变，例如：

峰—峯、够—夠、裹—裡、略—畧、案—桉、概—槩、胸—胷、鹅—鵞—鵝—䳘

二、部首

1. 部首的形成和发展

会意造字法和形声造字法使汉字有了偏旁，一些同义类的字有同样的偏旁，字典和辞书为了方便编排和易于查找，便把同偏旁的字排在一起为一部，把偏旁列出来为部目，也是一部之首字，这就是"部首"。

部首最早是东汉许慎创建的，公元121年，许慎编撰出中国第一部

---

① 梁东汉（1959）《汉字的结构及其流变》76—80页，上海教育出版社。

字典——《说文解字》，收录汉字9353个。许慎对所收汉字的小篆形体进行分析归纳，将有相同表义偏旁的字合为一部，共列出540部。

许慎的540部被人们沿用了很长时间，到了明朝，梅膺祚编写《字汇》，根据楷书字体改为214部，此后《康熙字典》《中华大字典》《辞源》《辞海》等都沿用梅膺祚的214部。现在的《新华字典》（第11版）和《现代汉语词典》（第7版）则是201部。

2. 字典的立部和归部

部首数目多少主要取决于字典的立部和归部。"立部"是建立部首，就是编写字典时确定要建立哪些部首，建立的部首是否涵括了字典中所有的字。"归部"是把字归入到部里，就是要确定每一个字的部首，以便将其归入到合适的部里。

立部和归部相互制约，采用不同的归部就会出现不同的立部，归部越细，立部越多。例如：《说文解字》列有"月"和"月（肉）"两个部首，与月亮有关的"期、朗"等归"月"部，与肉块和身体有关的"肌、腿"等归"月（肉）"部；现代字典只列出"月"一部，与肉块和身体有关的"肌、腿"等也都并入"月"部。再如：《说文解字》列"王"和"王（玉）"两个部首，与王有关的"皇、闰"等归"王"部，与玉有关的"珠、玲"等归"王（玉）"部；现代字典只列出"王"一部，与玉有关的"珠、玲"等也并入"王"部。

"归部"主要有"据义归部"和"据形归部"两类。前者是把字的表义偏旁确定为部首，部首和从属字一般有意义上的联系；后者是把同形的偏旁或者部件确定为部首，部首和从属字有的没有意义上的联系。

许慎《说文解字》是据义归部，它将有相同表义偏旁的字合为一部，部首和部内的字在意义上有联系。例如：部首"女"中的238个从属字都和女性有关系；"汝"字不在其中，"汝"是水名，归部首"水"下。再如：部首"门"的56个从属字都跟门户有关系；"闷、问、闻"不在其中，"闷"在部首"心"下，"问"在部首"口"下，

"闻"在部首"耳"下。

《辞海》（1979年版）是据形归部，其"部首查字法查字说明"中说："依据字形定部。一般采取字的上、下、左、右、外等部位作部首；其次是中和左上角。按照以上七种部位都无从确定部首的，查单笔部首（即一丨丿、乛）。"《辞海》据字形定部的原则，把"闷""问""闻"归入部首"门"。

2009年1月，教育部、国家语委发布了《汉字部首表》和《GB13000.1字符集汉字部首归部规范》。《汉字部首表》规定主部首201个，附形部首99个。《新华字典》（第11版）和《现代汉语词典》（第7版）的"部首检字表"说："本表采用的部首依据《汉字部首表》，共201部；归部依据《GB13000.1字符集汉字部首归部规范》；编排次序依据《GB13000.1字符集汉字笔顺规范》和《GB13000.1字符集汉字字序（笔画序）规范》，按笔画数由少到多的次序排列，笔画数相同的，按起笔笔形横（一）、竖（丨）、撇（丿）、点（、）、折（乛）的次序排列，起笔笔形相同的，按第二笔笔形的次序排列，依次类推。"部首的从属字也是按照笔画多少排列的，同笔画数的按照起笔笔形次序排列。

现在除了和古汉语关系密切字典辞书，如《汉语大字典》《汉语大词典》《王力古汉语字典》等仍主要采用"据义归部"以外，《新华字典》和《现代汉语词典》等常用词典都是据形归部。

为了便于查找，《新华字典》和《现代汉语词典》对一些归部不明显的字采用"多开门"的方式，就是在多个部首下同时列出，例如："男"字在部首"田"下，也在部首"力"下；"和"字在部首"禾"下，也在部首"口"下；"至"字在部首"土"下，也在部首"一"下；"鸿"字在部首"水"下，也在部首"鸟"下；"巫"字则在"工、人、一"三个部首下都有列出；"暨"在"无、一、旦"三个部首下都有列出。不过，大概是限于篇幅，上述字典并不是完全的"多开门"，例如："闻、闯、闪、问、间、闺、闲、闷"8字，"闻"字列在"门、耳"两部，"闯"字列在"门、马"两部，"闪、问、间、闺、闲、闷"却只列在"门"部一处。

3. 部首与偏旁的关系

在教学中，部首和偏旁的称谓很容易混淆，学生常常弄不清楚二者的关系。老师在讲解汉字时也常常一会儿说部首，一会儿说偏旁。

部首主要来源于偏旁，但与偏旁有所不同，说一个字的某一部分是偏旁，意思是说这一部分具有表义或者表音的功能；说一个字的某一部分是部首，这一部分可能与字的音义无关，"出、至、鸿"的部首"山、土、氵"便是如此。现在字典中一些不成字的部首，例如"一、丨、丿、丶、一、丶"等，也基本上跟字义或字音没有关系。下面是部首和偏旁的区别：

（1）部首是字典根据汉字形体偏旁所分的门类，用于汉字排列和检索。偏旁是汉字形体的组成部分，用于分析字形，提示字义和字音。

（2）部首源于偏旁，但许多偏旁不是部首，例如："狼"字，"犭"是形旁，"良"是声旁，"犭"是部首，"良"不是。"照"字，"灬"是形旁，"昭"是声旁，"灬"是部首，"昭"不是。"劣"字，"力"是形旁，"少"也是形旁，"力"是部首，"少"不是。

（3）偏旁和部首内涵不同，例如："氵"是部首，也是偏旁，当"氵"被称作"河、湖、海"的偏旁时，表示这些字的含义与水有关；当"氵"被称作"河、湖、海"的部首时，表示这些字在字典里归属"氵"部。

（4）分析汉字形体结构时要说"偏旁"，使用字典查找汉字时要说"部首"。

三、部件

1. 部件的名称和作用

"部件"是分析现代汉字形体的术语。《现代常用字部件及部件名称规范》说:"部件是由笔画组成的具有组配汉字功能的构字单位。"

自甲骨文以来,汉字形体一直是两种类型,一是独体的象形字,包括象形字上加注标志符号的指事字;二是合体的会意字、形声字。人们讲解独体字时,根据字形说明它的含义;讲解合体字时,根据形旁、声旁说明它的音和义。汉字发展到了今天的方块字,许多象形字不象形了,许多形旁、声旁不表义、不表音了,这些字就不能用传统的"六书"来说解了,于是有学者依据方块字形提出"部件"这个概念,通过部件来解说现代汉字的组织结构。

部件最初叫"字根",也叫"字元、字素、构件、组件、形位"等,现在按照国家标准称为"部件"。本书除引文保留"字根、字素"等名称外,一律使用"部件"的名称。

对部件的讨论最早出现于20世纪50年代,杜友定(1954)指出:"方块字是由丶一丿等笔画所组成的。由笔画组成字根,由字根再组成字。""字根本身是一个字,二个以上的字根又可以组合成新的字,如:'十'和'口'组成'古'字,'古'和'月'组成'胡'字,'米'和'胡'组成'糊'字,方块字就是这样组成的。"[1]杜友定(1961)说:"《说文》以篆书为依据,有很多独体的'文',发展到楷书阶段,已经分化为合体的'字'了。比如'馬'字在篆文是象形字,勾画出一匹马的轮廓,有头有尾有脚,但楷书则分作'馬、灬'二个组织体。……因此,研究现代汉字(楷书)的组织,不能全部袭用《说文》的'独体'而另有组织单位——字根。"[2]杜友定说的"字

---

[1] 杜友定(1954)汉字中的怪组织,《中国语文》第12期。

[2] 杜友定(1961)字根研究,《文字改革》第2期。

根"就是"部件"。

倪海曙（1966）说，"偏旁"进一步分解就是"部件"，他说："'部件'是比偏旁分析得更细的汉字结构单位，也就是按更多的部位来分的汉字结构单位。汉字的结构可以分析到偏旁，但是有的偏旁还可以再分析为更基本的结构单位，那就是'部件'。部件再分，成了笔画，就不是结构的单位了。"①

从以上表述中可知，"部件"是偏旁切分后的构字单位，例如："糊"字的声旁"胡"切分后的构字单位"古""月"，"古"切分后的构字单位"十""口"。"部件"也是独体字分化出来的多个无理据的组织结构，例如："馬"字分化出来的"马""灬"。

2. 部件的规范

"部件"这个概念出现后，对于如何认定部件、如何从整字中切分出部件，以及如何确定部件的名称，学界有不同的说法。叶楚强认为"在一个汉字中被大小间隔分隔开的两笔以上的形体单位都可以认为是部件"。②傅永和认为"部件是构成合体字的最小笔画结构单位，其下限必须大于基本笔画，上限小于复合偏旁"。③费锦昌认为"部件是现代汉字字形中具有独立组字能力的构字单位。它大于或等于笔画，小于或等于整字"。④苏培成（2001）介绍了20多年来比较重要的有关部件的论述，并做了一些评论。同时也对"部件的切分"做了介绍和评价。部件的切分包括"从形切分、从义切分、平面切分、层次切分、单笔部件"等。⑤

进入20世纪80年代，人们开始用电脑输入汉字，设计输入法前需要

---

① 倪海曙（1966）偏旁和部件，《文字改革》第1期。
② 叶楚强（1983）从汉字形体到汉字编码，《语文建设通讯》第9期。
③ 傅永和（1991）汉字的部件，《语文建设》第12期。
④ 费锦昌（1996）现代汉字部件探究，《语言文字应用》第2期。
⑤ 苏培成（2001）《二十世纪的现代汉字研究》310页，书海出版社。

先做汉字部件切分。电脑输入对部件切分的要求和汉字教学的切分要求有所不同，前者只是从字形方面考虑，同时受到电脑键位数的限制，所以切分的部件比较细碎，形体较小，数量较少。而用于汉字教学的部件切分，要考虑汉字传统的构形学理据，部件切分相对完整和块状化，形体较大、数量较多。[1]

2009年3月，教育部和国家语委发布了《现代常用字部件及部件名称规范》，规定了现代常用字的部件拆分规则、部件及其名称。依据《规范》所定规则，对现代汉语3500常用汉字逐个进行部件拆分、归纳与统计，形成《现代常用字部件表》（简称《部件表》），包括441组514个部件。其中有成字部件311个，非成字部件203个。并且说明《规范》适用于汉字教育、辞书编纂等方面的汉字部件分析和解说，也可供汉字信息处理等参考。《规范》还特别给出了"部件名称命名规则"，其中有按读音命名的，有按笔画命名的，还有按俗称和部位命名的。

3. 部件与偏旁的区别

从汉字教学的角度来说，部件是由笔画组成的不表义不表音的块状构字单位，教学时可通过部件帮助对不能进行理据性讲解的形体结构（包括偏旁切分后的形体结构）的记忆。偏旁是具有表义或表音功能的构字单位，教学时通过偏旁帮助对有理据的字的形音义的理解和记忆。

四、笔画

1. 笔画的形成和作用

笔画是写字时从起笔到收笔留下的痕迹。《现代常用字部件及部件名称规范》中说，笔画是"构成汉字楷书字形的最小书写单位"。

---

[1] 费锦昌（1996）现代汉字部件探究，《语言文字应用》第2期。

说笔画是构成楷书字形的书写单位，是因为隶变之前的汉字是线条构成的，是圆转弯曲的线条随体诘诎，画成其物，如甲骨文的 ☁（云）、⛰（山）、🐟（鱼）等，小篆的 云、山、鱼 等也是如此。傅东华（1962）说："（笔画）是汉字从篆书变到隶书之后才产生的。在古文和篆书的阶段，汉字都可说是由线条构成，直到隶书的阶段方才从线条变成笔画。线条和笔画的区别主要在于前者往往分不清起讫，后者把它们分清了。例如古文和篆书的结构里常常会出现囫囵的圈圈儿，不知它从哪一点起笔，也不知道它是向右转的呢，或是向左转的。后来隶书把这些圈圈儿都写成了'口'，就分清了笔画，而且看得出它们的起讫了。"① 张静贤（1992）说："现代汉字的笔画是从古代汉字的线条演变来的。"②

2. 笔画的形状

笔画有许多不同的形状，笔画的形状叫作"笔形"，其中最简单的是"横（一）、竖（丨）、撇（丿）、点（丶）捺（㇏）提（㇀）"6个平笔笔形，例如："状"字的"丶、㇀、丨、一、丿、㇏、丶"就都是平笔笔形。平笔笔形可以派生出许多折笔笔形，就是折弯的笔画，例如"乜"字的"乛、乚"就是折笔笔形。大多数的字是由平笔笔形和折笔笔形组合而成的，例如："刁"字的"𠃍、㇀"，"马"字的"𠃍、𠃑、一"，"乃"字的"丿、𠃌"。

笔形的作用在于可以知道一个字的笔画的起止，知道笔画起止就可以计算出这个字的笔画数。笔画数关系到字典的检索，字典索引里同部首的字是按照笔画数排列的，字典正文里的同音字也是按笔画数排列的。

---

① 傅东华（1962）汉字书写法和字典查字法，《文字改革》第3期。
② 张静贤（1992）《现代汉字教程》30页，现代出版社。

2002年，教育部和国家语委发布的《GB13000.1字符集汉字折笔规范》，规定了5种基本笔形"横（一）、竖（丨）、撇（丿）、点（丶）折（乛）"，给出了25种折笔笔形表。如表7-1。

表7-1　GB13000.1字符集汉字折笔规范

折数	序号	名称全称	名称简称（或俗称）	笔形	例字
1折	5.1	横折竖	横折	𠃍（⁊）	口见达奥己罗马丑贯/**敢**为
	5.2	横折撇	横撇	𠃋（⁊）	又祭之社登卵/令了
	5.3	横钩		⇁	买宝皮饭
	5.4	竖折横	竖折	ㄴ（L、𠃊）	山世岀/母互乐/发牙降
	5.5	竖弯横	竖弯	ㄴ	四西卝
	5.6	竖折提	竖提	㇗	长瓜鼠以瓦叫收
	5.7	撇折横	撇折	ㄥ（𠃊）	公离云红乡亥/车东
	5.8	撇折点	撇点	ㄑ	女巡
	5.9	撇钩		丿	乂
	5.10	弯竖钩	弯钩（俗称）	）	犭家
	5.11	捺钩	斜钩（俗称）	㇂	代戈
2折	5.12	横折竖折横	横折折	𠃑	凹卍
	5.13	横折竖弯横	横折弯	𠃊	朵
	5.14	横折竖折提	横折提	㇊	计颏鸠
	5.15	横折竖钩	横折钩	𠃌（⁊）	同门却永耍万母仓/也
	5.16	横折捺钩	横斜钩（俗称）	㇈	飞风执
	5.17	竖折横折竖	竖折折	㇉	鼎乐亞吴
	5.18	竖折横折撇	竖折撇	ㄣ（ㄅ、ㄎ）	专奥/矢
	5.19	竖弯横钩	竖弯钩	ㄴ	己乚电心
3折	5.20	横折竖折横折竖	横折折折	ㄋ	凸
	5.21	横折竖折横折撇	横折折撇	ㄋ	及延
	5.22	横折竖弯横钩	横折弯钩	㇈（乙）	几丸/艺亿
	5.23	横折撇折弯竖钩	横撇弯钩（俗称）	㇌	阳部
	5.24	竖折横折竖钩	竖折折钩	ㄣ（ㄅ）	马与钙/号弓
4折	5.25	横折竖折横折竖钩	横折折折钩	㇋（㇋）	乃/杨

《规范》规定的5种基本笔形及其顺序在汉字使用中很重要，因为字典里同部首同笔画数的字是按照笔形的顺序排列的，《新华字典》《现代汉语词典》的"部首检字表"采用的是"一、丨、丿、丶、乛"的笔形排列顺序。

笔画书写要遵守规则，按照一定的方向书写。楷书笔画的书写规则是：横笔"一"从左往右，竖笔"丨"从上往下，撇笔"丿"从上往左下，捺笔"乀"从上往右下，提"㇀"从下往右上。为什么要从左往右，从上往下呢？王凤阳（1989）说："按人的书写时的生理习惯，运笔时，右行、下行是自然的，是顺生理习惯的；左行和上行是不自然的，是违背书写时手的运动生理的。"①

3. 笔画的顺序

笔画书写的顺序叫作"笔顺"。现代汉字除了"一""乙"以外，都是由多个笔画组成的。写字的时候，多个笔画就有一个顺序的问题。例如："三"字，是先写上面还是先写下面？"八"字，是先写左边还是先写右边？"十"字，是先写横还是先写竖？人们在长期的书写中已经形成了一些笔画顺序的规则，主要为下面七种：

（1）先上后下，如"工"：一——丁——工

（2）先左后右，如"儿"：丿——儿

（3）先横后竖，如"十"：一——十

（4）先撇后捺，如"八"：丿——八

（5）先外后内，如"闩"：丶——𠂉——门——闩

（6）先中间后两边，如"小"：亅——⺌——小

（7）先外后内再封口，如"回"：丨——冂——囗——回

王凤阳（1989）对笔顺规则的形成有详细的论述，他说："笔顺

---

① 王凤阳（1989）《汉字学》223页，吉林文史出版社。

第七章　汉字的偏旁、部首、部件、笔画与汉字教学

是笔画产生、字形固定之后，人们在长期写字的过程中所摸索、总结出来的一套笔画安排经验。""合理的笔顺就是写字时的合于最短路线的笔画安排。""只有合于书写的生理习惯的笔顺才能是最短路线的笔顺。""（笔顺规则）最主要的只有两条，那就是'先左后右'、'先上后下'，因为这两条最集中地体现着人书写时的生理习惯。"[1]

依照笔画顺序书写，是为了缩短运笔线路，以求写得快。1997年国家语委和新闻出版署发布了《现代汉语通用字笔顺规范》，确定了7000个汉字的规范笔顺，并且用跟随式、笔画式、序号式三种形式表明每一个字的笔画顺序。同时明确了字表中难以根据字序推断出规范笔顺的"火""叉""鬯""爽"等字的笔顺。

4. 笔画的组合

笔画在楷书形体中有三种组合形式：

（1）相离，例如：八、三、川、小

（2）相交，例如：十、丰、爻、车

（3）相接，例如：工、上、非、乍；口、己、弓、凹

"相接"又分为两类，一是笔画首和笔画身相接，见前四个例字；二是笔画首和笔画首相接，见后四个例字。

楷书中很多字是相离、相交、相接多种组合形式，如"画、雨、黄"等。

因为笔画有许多折笔笔形，会和笔画首与笔画首相接的形体混淆，会影响笔画数的计算，这是笔画教学中需要注意的。

---

[1] 王凤阳（1989）《汉字学》248—250页，吉林文史出版社。

第二节　偏旁、部首、部件、笔画在汉字教学中的应用

一、偏旁与汉字教学

海外汉字教学，偏旁是重中之重，利用偏旁进行汉字教学是一种行之有效的方法。不过要注意的是，现代汉字有的形旁不表义，有的声旁不表音，这是教学中的难点。

1. 形旁不表义的几种原因

（1）字义发生变化，使得现代汉字的形旁和字义没有关系，例如：

"雨"字旁的"雪、雾、霜、露、霞、霓、雹、霾"等都与天象有关，"需、零"二字则与天象无关。

"马"字旁的"骑、驾、驱、驯、骏、骡、驴、驰"等都与马匹有关，"骗、笃"二字则与马匹无关。

"钅"字旁的"铁、钢、银、铜、钱、针、钉、钟"等都与金属有关，"错、铺"二字则与金属无关。

其实，"需、零"等字的偏旁和字义原本都是有关联的。

"需"字，西周铜器铭文写作 ，上面是雨，下面是人，意思是下雨不能前进，需要等待，后来人形讹变为"而"。

"零"字，《说文解字》："零，徐雨也。从雨，令声。"本义是徐徐而下的小雨。《诗经·豳风·东山》："我来自东，零雨其濛。"（我从东边来，细雨濛濛。）

"骗"字，《集韵·线韵》："骗，跃而乘马也。"（骗，意思是跨腿跃上马背。）清洪升《长生殿·合围》："双手把紫缰轻挽，骗上马，将盔缨低按。"（双手把紫色缰绳轻轻挽住，跨腿跃上马，把头盔

的缨穗轻轻低按。）

"笃"字，《说文解字》："笃，马行顿迟。从马，竹声。"（笃，意思是马行走，头低下如触地，行走缓慢。"马"表示字义，"竹"表示读音。）段玉裁注："顿，如顿首，以头触地也。"（顿，如同顿首，就是用头触地。）马快跑时昂头奋进，慢走则是低着头。

"错"字，《说文解字》："错，金涂也。从金，昔声。"（错，意思是用金涂饰。"金"表示字义，"昔"表示读音。）本义是用金涂饰镶嵌。《汉书·食货志》："错刀，以黄金错其文，曰'一刀平五千'。"（错金刀币，用黄金镶嵌文字，说"一刀值五千"。）

"铺"字，《说文解字》："铺，箸门铺首也。从金，甫声。"（铺，意思是附在门上的门环底座。"金"表示字义，"甫"表示读音。）唐李贺《河南府试十二月乐词》："月缀金铺光脉脉，凉苑虚庭空澹白。"（月光下大门上的金铺泛着光亮，空寂的庭院里一片惨白。）

下面我们来看一下"字"的字义变化。

"字"字，商代晚期铜器铭文写作⟨字⟩，本义是在房子里生育孩子。《说文解字》："字，乳也。从子在宀下，子亦声。"段玉裁注："人及鸟生子曰乳。"《山海经·中山经》："其上有木焉，名曰黄棘，黄华而员叶，其实如兰，服之不字。"（山上有一种树，名叫黄棘，黄色的花瓣，圆圆的叶子，它的果实与兰草的果实相似，女人服用了它不能生育孩子。）后来"字"又引申为"出嫁"的意思，《正字通·子部》："字，女子许嫁曰字。"成语"待字闺中"就是姑娘在闺房中等待嫁人。

"字"到战国晚期开始表示"文字"的意思。《史记·吕不韦列传》记载，吕不韦让门人著《吕氏春秋》，放在咸阳城门口，悬千金其上，说"有能增损一字者，予千金。"（有可以增加或删减一字的人，给他千两黄金。）这个"字"就是文字的意思。

为什么用生孩子的"字"表示文字呢?《说文解字·叙》说:"仓颉之初作书,盖依类象形,故谓之文;其后形声相益,即谓之字。字者,言孳乳而浸多也。"(仓颉开始造文字,是依照物类画出形体,所以叫作'文';后来由形音相合产生出来的,就叫作'字'。所谓'字',就是不断滋生而逐渐增多。)曾宪通、林志强(2011)说:"按照许慎的说法,依类象形之'文'是仓颉造的,而形声相益的'字'则是由'文'所孳乳衍生出来的。由独体之'文'孳生出合体的'字',犹如人类生儿育女那样,不断孳生繁殖而来的……人们用本义是生育繁衍的'字'来指称孳乳出来的新符号是再恰当不过的了。这样一来,作为生儿育女的'字',同作为新增符号的'字'便重合起来了。随着时间的推移,字原有生儿育女的意义便慢慢地淡化,并最终为书写符号这一意义所取代了。"① "字"表示文字后,其偏旁"宀"和"子"便与字义没有关系了。

(2)形旁是字体讹变产生的,这种"假形旁"跟字义没有关系,例如:

"它"字,甲骨文写作 ⟨图⟩,像蛇的形状,后来蛇头讹写成"宀"。

"肩"字,战国文字写作 ⟨图⟩,上面是肩膀连着胳膊的形状,后来讹写成"户"。

形体讹变也包括简化,例如:

"报"字,西周铜器铭文写作 ⟨图⟩,左边是手枷类刑具,中间是跪着的人,右边是手,字形像用手按住带着刑具的人。《说文解字》:"報,当罪人也。"(报,意思是判决罪人。)

"执"字,甲骨文写作 ⟨图⟩,像一个人双手被手枷类的刑具铐住。《说文解字》:"執,捕罪人也。"(执,意思是拘捕罪人。)

---

① 曾宪通、林志强(2011)《汉字源流》217—219页,中山大学出版社。

第七章　汉字的偏旁、部首、部件、笔画与汉字教学

"报"和"执"的左边原本是表示手枷类刑具的 ⚡，隶定为"𰀁"（"隶定"是指把甲骨文、铜器铭文、小篆等古文字形体用隶书的笔法写出来，定为今文字字形，后来把用楷书笔法写出的字也叫作"隶定"）。后来草书楷化简写为"扌"，"报"和"执"的"扌"旁跟手没有关系。

还有的是字义和字形都发生了变化，例如：

"服务"的"服"字，甲骨文写作 ⚡，右边像手抓住一个跪着的人，左边的 ⚡ 是"舟"字，表示用船运送俘虏，后来 ⚡ 讹变为"月"。

"污蔑"的"蔑"字，甲骨文写作 ⚡，本义是用戈击打人头，下边是戈，上边是人的眉目，后来眉毛讹变为"艹"。

"曼延"的"曼"字，甲骨文写作 ⚡，像上下两只手把眼睛张开。《楚辞·哀郢》："曼余目以流观兮。"（张开我的眼睛四处张望。）后来上面的手变成了"曰"，下面的手变成了"又"。

下面我们来看一下"愛（爱）"字的形义变化。

"愛"，战国文字写作 ⚡，小篆写作 ⚡，《说文解字》："愛，行皃。从夊，㤅声。"（爱，意思是行走的样子。"夊"表示字义，"㤅"表示读音。）"愛"字有"夊"旁，本义跟行走有关。"愛"的声旁字"㤅"有"心"字旁，意思是惠爱。后来人们用"愛"取代"㤅"表示惠爱，而原本表示行走的意思不再使用。隶书把"㤅"上面的"旡"改为"爫"和"冖"，写成了 ⚡，草书楷化又把"愛"下边的"心"和"夊"简写为"友"。简体的"爱"最早见于隋代，汉字简化时把"爱"作为规范字。从战国文字到今天的简化字，"爱"的字义和字形都发生了变化。

（3）错写成其他形旁，例如：

"闹"字，繁体字写作"鬧"，上面原本是"鬥"。"鬥"字甲骨文写作 ⚡，像两个怒发冲冠的人在搏斗；下面是"市"，表示喧扰

之处。"鬧"以市中争斗表示乱哄哄之义。后因"門"和"鬥"形体相近,"鬧"字错写成"閙"。

现代汉字中有多少字的形旁能够表义呢?康加深(1993)说:语言文字应用研究所汉字整理研究室对《现代汉语通用字表》中形声字做了分析研究工作,在7000字中统计出属于形声结构的字有5631个。在形声结构的5631字中,形符完全表义的有47字,占形声结构总字数的0.83%;基本表义的有4838字,占85.92%。绝大部分形声结构的形符是完全表义或基本表义的。①

康家深所说的统计只是针对形声字,如果加上非形声结构的"刃、本、末、休、泪、灾、林、伐、灭、尘、宝"等指事字和会意字,形旁表义的数量还会大一些。

2. 利用形旁进行汉字教学

现代汉字形旁能够表义(完全表义和基本表义)的数量是相当多的,因此教学中要充分利用形旁,特别是那些构成形声字数量比较多的形旁的表义功能,帮助学生学习汉字。

利用形旁教学,要特别注意前面讲的那些因字义变化或形体讹变而不能表义的偏旁,那些字可以通过古文字字形和古代文献例证讲解字义的来龙去脉,帮助学生理解和记忆。

讲解时最好系联同形旁的字相互印证,这样学生比较容易理解,还能接触到其他同形旁并且意思相关的字。即便一次记不住这些字,但有了印象,下次讲到其中一个字的时候再系联起来印证,就会事半功倍。

例如:讲解"家"字,系联有"宀"旁的"宝、宿、安"等;讲解"安"字,系联有"女"旁的"好、妇、妥"等;讲解"妥"字,系联有"爫"旁的"采、舀、受"等;讲解"受"字,系联有"又"旁的"友、取"等。

---

① 康加深(1993)现代汉语形声字形符研究,载苏培成选编《现代汉字学参考资料》126—140页,北京大学出版社2001年。

有时候理解一个字的形旁，对读懂文章有着关键的作用，例如："得"字，甲骨文写作 ⿰、⿰、⿰ 等，像手里拿着一个贝，意思是有所得。后加"彳"写作⿰，强调在路上有所得。《说文解字》："得，行有所得也。从彳，㝵声。"（得，意思是行走在路上有所得。"彳"表示字义，"㝵"表示读音。）许慎说"㝵声"是不准确的。理解了"得"字及其形旁"彳"的含义，就能够懂得《战国策》里"鹬蚌相争"故事中"两者不肯相舍，渔者得而并禽之"这句话的含义，鹬和蚌两个都不肯松开，打鱼的人在路上遇见了就一并抓住了它们，这里"得"意思是在路上遇见，"禽"意思是抓住。

利用形旁系联讲解汉字，还要注意所系联的形旁是原字的形旁，不是形体讹变或错写的形旁，例如：讲"宀"旁不能系联"它"，讲"户"旁不能系联"肩"，讲"扌"旁不能系联"执""报"，讲"爫"旁不能系联"爱"，讲"门"旁不能系联"闹"等。

3. 声旁不表音的几种原因

声旁不表音的问题我们在前面讨论形声字时讲过了，主要有两个原因，一是当初造字时就用了一个近音字，我们举了"鸡"和"姜"两个例子；一是古今语音变化，使得声旁的读音和字音不一样了，我们举了"移"和"波"两个例子。这里再举几个例子。

用"反"做声旁的字读音有：

饭、返、贩 fan（注音省略声调，下同）

板、版、扳 ban

叛 pan

第一行三个字的声旁表音，后面两行四个字的声旁不表音。这是因为上古时期声母系统中只有重唇音（双唇音）b、p，没有轻唇音（唇齿音）f，轻唇音f是后来从重唇音b、p中分化出来的，这在音韵学上称作"古无轻唇音"。古无轻唇音使得今天同是声符"反"的字出现了不同的读音，造成了一部分字的声旁不能表音。

同类的情况还有用"非 fei"做声旁的字，读音有"啡、匪、诽 fei""悲、辈 bei"和"排、俳、徘 pai"；用"甫 fu"做声旁的字，读音有"辅 fu""捕、哺 bu"和"铺、圃、浦 pu"等。

用"尚"做声旁的字读音有：

裳、赏 shang

常、敞 chang

党、當（当）dang

堂、躺、趟 tang

第一行两个字的声旁表音，后面三行七个字的声旁不表音。这是因为上古时期声母系统中只有舌头音（舌尖中音）d、t，没有舌上音（舌尖后音）zh、ch、sh，舌尖后音zh、ch、sh一部分是从舌尖中音d、t分化而来的。这在音韵学上称作"古无舌上音"。古无舌上音使得今天同是声符"尚"的字出现了不同的读音，造成了一部分字的声旁不能表音。

同类的情况还有用"真"做声旁的字，读音有"镇、缜zhen""嗔chen""慎shen""颠、滇dian""填、阗tian"等。这也能解释为什么"题、提、堤"的声旁是"是"，"都、赌、屠"的声旁是"者"，"跳、挑、逃"的声旁是"兆"。

现代汉字中有多少字的声旁能够表音呢？李燕、康加深（1993）说：语言文字应用研究所汉字整理研究室对7000个通用字的声符也做了分析统计，统计出5631个形声结构，因为5631个形声结构中有479个多音字，所以共统计6110个字次。统计结果是，声旁与形声字之间声、韵、调全同的有2292字次；声、韵同，调不同的有1110字次。[1]如果不考虑声调，那么能够准确表音的就有3402字次，占总数的55.68%。

---

[1] 李燕、康加深（1993）现代汉语形声字声符研究，载苏培成选编《现代汉字学参考资料》144—154页，北京大学出版社2001年。

4. 利用声旁进行汉字教学

现代汉字声旁能够表音（声、韵、调全同和声、韵同）的数量占形声结构总数的一半多一点儿，因此教学中要充分利用声旁表音的功能，特别是那些构成形声字数量比较多的声旁，帮助学生掌握汉字读音。

利用声旁帮助汉字教学，可以系联同声旁的字相互印证，例如："马"旁的"吗、妈、骂"，"巴"旁的"爸、吧、把"，"门"旁的"们、闷、问"等。现代汉语声旁读音和形声字读音完全相同的，除了前面提到的"胡"旁以外，还有"皇"旁（"凰、蝗、惶、徨、煌"）和"唐"旁（"糖、塘、搪、溏、瑭"）等。但是也要注意，前面讲了，大多数的左右结构的字声旁都在字的右边，也有少数在左边，例如："锦"字的"钅"是声旁，"帛"是形旁；"视"字的"礻"是声旁，"见"是形旁。

教学中可以告诉学生一些简单的语音知识，如前面讲到的"古无轻唇音""古无舌上音"等。学生明白了这些带有规律性的语音知识，在日后的学习中可以触类旁通，举一反三。知道了古今语音变化的道理，在读不准有关字音时可以有一个推测读音的线索和范围。

有人以为给学生讲这些太难了，其实外国大学生都是成年人，而且都有相当高的文化知识水平。美国大学的汉语课相当于国内的公共外语课，选课的人不管专业，不论院系，可以是本科生、硕士生或者博士生，所以完全可以理解这些简单的语音知识。如果给学生讲了相关知识，后面再出现同类的字时略加提醒，效果是很好的。

利用声旁教学还要注意省声的问题，要告诉学生"觉"字之所以和"学"的上部形体相同，而且读音相近，是因为"觉"的声旁原本是"学"。

5. 注意"偏旁小位"造成的偏旁误认

处于小位的偏旁，形体小且位置不显著，其表意或表音的身份容易被忽视，影响到对字义和字音的理解。而且由于偏旁小位破坏了另一个偏旁的结构，所以有时候会造成误判，例如：把"佞"字错认作"亻"旁，把"霸"字错认作"雨"旁，把"腾"字错认作"月"旁，把"徽"字错认作"彳"旁，把"随"字错认作"阝"旁等。

有一种情况是，某些字既是偏旁省略，又是偏旁小位。例如："黎"字，《说文解字》："黎，履黏也。从黍，称省声。称，古文利。作履黏以黍米。"〔黎，意思是粘鞋子用的黏性浆糊。"黍"表示字义；"称"表示读音，省去一部分（左边的"禾"）。"称"是"利"的古文写法。粘鞋子用的浆糊是用黍米制成的。〕声旁"称"在字的右上角，一是空间小；二是避免与"黍"重复，省去左边的"禾"。如果不了解"黎"字的构成，不知道偏旁小位和省声，不但找不到声旁，也很难看出形旁。

6."月"旁例解

这里我们以"月"旁的字为例，具体分析一下偏旁在字中的作用，之所以选"月"旁，一来它是现代汉字最常用的偏旁之一，二来它做偏旁表示不止一个意思，教学中常常引起混淆。现代汉字中"月"旁的字主要有四个来源：

（1）来源于月亮义的 ⟩，像半月形，小篆写作 ⟩，规范汉字写作"月"。

（2）来源于肉块义的 ⟩，像有横纹的肉块，小篆写作 ⟩，后写作"月"，与表示月亮的"月"同形。

（3）属于形体讹变，把原本不是"月"旁的字写成"月"旁。

（4）做声旁，表示读音。

下面逐一讲解：

（1）"月"旁来源于月亮义，字义和月亮有关的有"明、朝、期、朗、朦、胧、霸、朔、望、阴"等，例如：

第七章 汉字的偏旁、部首、部件、笔画与汉字教学

"明"字,甲骨文写作 ◉,像日月共出,表示明亮。也写作 ◉（朙）,像月光照在窗子上。

"朝"字,甲骨文写作 ◉,像清晨太阳从树丛中升起而月亮还在天空的景象。

"霸"字,本义是指阴历每月初见之月亮。《说文解字》:"霸,月始生霸然也。承大月,二日;承小月,三日。从月,䨣声。"意思是说,月亮开始出现微光,前面是大月则初二出现;前月是小月则初三出现。

"阴"字,原本没有"月"旁,西周铜器铭文写作 ◉,形声字,从阜,今声,意思是山峰遮住阳光。《说文解字》:"◉,闇也。水之南、山之北也。从阜,侌声。"意思是说,阴是幽暗之处,是水的南岸、山的北面,阳光照不到的地方。宋元时简写为从阝,从月,为会意字。

表示月亮的"月"字,后来分化出"夕"字,甲骨文中"月""夕"同形。《说文解字》:"夕,莫也。从月半见。"意思是说,夕是夜晚时分,由月出现一半表意。用"夕"做形旁的字都跟夜晚有关系,例如"名、夜、外"等。

"名"字是夜晚光线不好,呼叫名字,前面讲过。

"夜"字,西周铜器铭文写作 ◉,从夕,亦省声。"夕"像月亮形,表示夜晚。

"外"字,西周铜器铭文写作 ◉,从夕,从卜。《说文解字》:"外,远也。卜尚平旦,今夕卜,于事外矣。"意思是说,占卜应在平旦日出之时,现在晚上占卜,对于事情来说则是在事之外了（过了时间）。

（2）"月"来源于肉块义,字义和肉或者身体部位有关的有

"肚、胸、背、腰、肩、腿"等。这一类字比较多，容易理解。也有一些字的词义转移，现在看不出来与肉或身体有关的意思了，例如"有、祭、育、胁、肖、肯、肴、惰、散、脱、胡、胥、脆、膳、臊、胜、胶、腊、膨、胀"等。

"有"本义是手里拿着一块肉。

"祭"甲骨文写作 ，意思是手持祭肉在祭祀。

"育"甲骨文写作 、 ，像女人生孩子。

"胁"本义为腋下肋骨所在处。

"肖"本义是骨肉相似。

"肯"本义是附着在骨头上的肉。

"肴"本义是做熟的肉。

"惰"本义是祭祀后剩余的肉。

"散"本义是杂碎之肉。

"脱"本义为身体肌肉消减，骨肉分离。

"胡"本义是牛脖子下的垂肉。

"胥"本义是蟹肉酱。

"脆"本义是容易断开的肉。

"膳"本义是准备好的饭食。

"臊"本义是肉或动物体上的腥臭味。

"胜"本义是狗油的气味。①

"胶"本义为动物皮角熬制的黏性物质。

"腊"本义为干肉。

"膨"本义为肚腹胀大。

---

① "胜"的繁体字写作"勝"，其实"胜"和"勝"原本是两个不同的字，"勝"《说文解字》："勝，任也。从力，朕声。"本义是能承担、胜任。"胜"《说文解字》："胜，犬膏臭也。从肉，生声。"（胜，意思是狗油的气味。）"胜"字原本表示狗油气味的意思很少使用，于是借"胜"为"勝"的简体。

第七章 汉字的偏旁、部首、部件、笔画与汉字教学

"胀"本义为体内充塞难受的感觉。

表示肉块的"月"旁也有写作"夕"字的,例如"多"字,甲骨文写作 ![], 像二块肉相叠,表示数量多。

(3) 属于形体讹变的,字义和月亮或者肉块没有关系,例如"朋、服、前、俞、朕、青、腼、能"等。

"朋"字,甲骨文写作 ![], 像两串系挂在一起的贝,是古代货币单位,后来字形讹变为两个"月"。

"服"字,前面讲过,甲骨文写作 ![], 右边像手抓住一个跪着的人,左边的 ![] 是"舟"字,表示用船运送俘虏,后来 ![] 讹变为"月"。

"前"字,西周铜器铭文写作 ![] (歬),从止,从舟。《说文解字》:"歬,不行而进谓之歬,从止在舟上。"(歬,意思是人不行走而能够前进叫作歬,由脚在船上会意。)"歬"本义指前进,后来"舟"字讹变为"月"。战国时期"歬"字加形符"刀"写作 ![] (前),表示以刀整齐地切断,《说文解字》:"前,齐断也。从刀,歬声。"再后来,"前"又用作"歬"的前进义,于是又在"前"字上加形符"刀"写作"剪"。

"俞"字,甲骨文写作 ![], 小篆写作 ![] 。《说文解字》:"俞,空中木爲舟也。从亼,从舟,从巜。巜,水也。"意思是把木头挖空做舟船。后来"舟"讹变为"月"。

"朕"字,甲骨文写作 ![], 从舟,关声,本义是舟的裂缝,一说为双手撑篙行船。后来"舟"讹变为"月"。

"青"字,西周铜器铭文写作 ![]。《说文解字》:"青,东方色也。木生火,从生、丹。""青"是东方的颜色。后来"丹"讹变为

"月"。一说从生，并声，是草木生长的绿色。

"腼"字，原本写作"靦"，《说文解字》："靦，面见也。从面、见，见亦声。"指人容貌可见，后错写作"腼"。

"能"字，西周铜器铭文写作 🐻，像一头站立的熊。

以上几个字的"月"字旁是从"舟""丹""见"以及熊的象形讹变来的，这些字跟月亮或者肉块、身体没有关系。

（4）做声旁，表示读音的有"钥、玥、刖"，其中"钅""玉""刂"是形旁，表示字义。

还有一些字中的"月"是上面前三类字作为偏旁（声旁）带来的，在这些字中属于部件。例如"盟、潮、湖、削、贿、崩、请、绢、滑、剪、偷、塑、腾、赢"等。

"盟"字的"月"来源于声旁"明"。

"潮"字的"月"来源于声旁"朝"。

"湖"字的"月"来源于声旁"胡"。

"削"字的"月"来源于声旁"肖"。

"贿"字的"月"来源于声旁"有"。

"崩"字的"月"来源于声旁"朋"。

"请"字的"月"来源于声旁"青"。

"绢"字的"月"来源于声旁"肙"。

"滑"字的"月"来源于声旁"骨"。

"剪"字的"月"来源于声旁"前"。

"偷"字的"月"来源于声旁"俞"。

"塑"字的"月"来源于声旁"朔"。

"腾"字的"月"来源于声旁"朕"。

"赢"字的"月"来源于声旁"赢"。

我们统计了3500个常用汉字中含有"月"的字（包括偏旁和部

件），共计158个，其中与月亮有关的9个，约占5.70%；与肉或身体有关的78个，约占49.37%；属于讹变的有5个，约占3.16%；表音的有1个，约占0.63%；偏旁字带入的有65个，约占41.14%。见表7-2。

表7-2 现代汉语3500常用字中有"月"的字

（1）与月亮有关的9个字	明、期、朝、朗、阴、朦、胧、望、霸
（2）与肉或身体有关的78个字	有、肌、肝、肚、肠、肯、肾、肤、肺、肢、肿、胀、股、肥、胁、育、肩、胡、背、胃、骨、胆、胜、胞、胖、脉、脆、脂、胸、胳、脏、胶、脑、脊、脚、脖、脸、脱、散、筋、腊、脾、腔、腰、腥、腹、腿、膜、膊、膀、膏、膝、膛、膨、臂、肖、肛、肘、肴、肮、肪、胚、胎、胯、胰、脐、脓、祭、腌、腋、腕、腻、腮、腺、膘、膳、臊、臀
（3）讹变的5字	朋、服、前、青、能
（4）表音的1字	钥
（5）偏旁字带入的65字	削、捎、捐、哨、赇、消、悄、宵、请、屑、绢、萌、梢、偷、猜、剪、清、情、随、棚、晴、销、稍、猾、湖、滑、惰、愉、腾、睛、盟、煎、塑、榆、静、蜻、精、撒、撤、蝴、箭、糊、潮、赢、郁、俏、峭、崩、涓、堕、绷、硝、鹃、喻、猸、婿、硼、鹏、靖、溯、嘲、澈、辙、藤、髓

在与肉块或身体相关的78个字中，表义明显的有"肝、胃、肾、胆、肺、肠"等55字，约占70.51%。与月亮有关的9个字中，表义明显的有"明、朝、期、朗、朦、胧、阴"7字，约占77.78%。通过以上分析，我们了解了常用字中"月"作为偏旁和部件的字的大致情况，同时知道作为偏旁的"月"字是可以帮助理解字义的，而且这些字大部分都在常用字的前2500字中，属于最常用字。

二、部首与汉字教学

因为许多部首本身就是偏旁，如"木、钅、宀、门、页"等，所以可以利用部首帮助偏旁教学，例如：讲解部首时，借助具有表义和表音功能的部首讲解字义和字音；讲解偏旁时，前面谈到，可以利用同偏旁的字相互印证，借助字典的部首检字表是一个方便、快捷的办法。

不过，要注意字典中一些部首的从属字是据形截取来的，这些字与部首的意义没有联系。例如"出"字，原本像脚走出洞穴，表示走出义。据义归部的《汉语大字典》《汉语大词典》《王力古汉语字典》都归入"屮"部；据形归部的《新华字典》《现代汉语词典》从"出"字上部获取部首"山"，归入"山"部。"出"跟"山"没有关系，不能用来印证其他"山"部的字。再如"至"字，原本像射来的箭落到地面，意思是到来。《说文解字》立"至"为部首，《汉语大字典》《汉语大词典》《王力古汉语字典》也归"至"部；《新华字典》《现代汉语词典》从"至"字下部截取部首"土"，归入"土"部。"至"跟"土"没有关系，不能用来印证其他"土"部的字。又如"鸿"字，为鸟名，《汉语大字典》《汉语大词典》《王力古汉语字典》都归"鸟"部；《新华字典》《现代汉语词典》的归部是"多开门"形式，不仅归在"鸟"部，还从字的左边获取部首"氵"，归"水"部。"鸿"的"氵"是声旁字"江"带来的，"鸿"跟"水"没有关系，不能用来印证"水"部的字。"据形归部"和"多开门"归部的字需要注意。

三、部件与汉字教学

在国际汉语汉字教学中，"部件"主要是指合体字中因字体讹变形成的不表义也不表音的块状构字单位。"部件"这个概念对现代汉字教学很有帮助，现代汉字中那些无法用形旁、声旁做理据性讲解的字，又不能用笔画一笔一笔描述，就需要用部件来解说。

例如"盐"字,由"土、卜、皿"三个部件构成。"盐"繁体字写作"鹽",小篆写作 ![盐小篆],《说文解字》:"鹽,咸也。从卤,監声。"(鹽,意思是咸,"卤"表示字义,"監"表示读音。)简化字的"土、卜、皿"跟字义和字音没关系,它们只是无理据可讲的"盐"字的块状构字单位。

"击"字,是由"土、山"两个部件构成,"击"繁体字写作"擊",《说文解字》:"擊,攴也。从手,毄声。"(擊,意思是打击。"手"表示字义,"毄"表示读音。)隶书中"軎"下面的"口"讹变为"凵",近代民间出现省写的"軎",后又进一步简化写作"击"。简化的"击"的"土、山"跟字义和字音没关系,它们只是无理据可讲的"击"字的块状构字单位。

又如"圣"字由"又、土"两个部件构成,"京"字由"亠、口、小"三个部件构成,"爱"字由"爫、冖、友"三个部件构成等。

李香平(2006)说:"现代汉字中有些合体汉字既不是表意字也不是意音字,无法利用形旁识字法,就可以采用部件识字法。部件识字法主要是针对那些丧失理据的合体汉字。"[①]也就是说,在与音义无关的层面上,通过部件帮助汉字的记忆和书写。

部件也用来指称偏旁切分后的构字单位,例如"糊"字的声旁"胡"切分后的部件是"古"和"月","胡"字的声旁"古"切分后的部件是"十"和"口"。可以利用部件帮助偏旁的记忆和书写。

部件教学需要注意的是,用部件分解汉字构形时不做理据性讲解,即便部件有理据,例如:"糊"字的声旁"胡"的切分部件"古"字,《说文解字》:"古,故也。从十、口。识前言者也。"(古,意思是很早的年代,由十、口会意,表示多人口口相传,记录前代的故事。)"古"的理据"记录前代的故事"与声旁"胡"没有关系,与表示"米

[①] 李香平(2006)《汉字教学中的文字学》258页,语文出版社。

糊"义的"糊"更无关。再如:"盐"字的三个部件"土、卜、皿"本身都有构形理据,但是每一个理据都和"盐"字的音义没有关系。

此外,部件也用来指称不需要做理据性分析的字的构字单位,不管这个字有没有理据。例如前面第五章说到"甲骨文绝大多数是用刀刻写出来的,因为刻写不易,许多圆笔变成了直笔,有的还省略了笔画和部件";范可育(1993)把外国学生书写汉字的错误概括为八类,其中有"(4)部件增减错误、(5)部件更换错误、(6)部件配合错误、(7)笔画和部件综合错误"。[①]这里的"部件"都是指称字的构成组织,即构字单位,与字义字音无涉。

注意,在讲解汉字形音义时,对于有理据的、用形旁和声旁可以讲解的,不要涉及部件的概念,否则就会画蛇添足,把事情复杂化,给学生造成困惑。

从汉字教学来说,相对于笔画,块状的部件记忆要容易得多,例如:"圣"有5画,2个部件;"京"有8画,3个部件;"盐"有10画,3个部件;"爱"有10画,3个部件。

用笔画记忆汉字,只用于没有偏旁且无法切分出部件的字,例如:"瓦"字,小篆写作 ,像两瓦咬合之形;"互"字,小篆写作 ,像一种竹制的收绳器具,还有"求、专、年、凹、凸"等,这些字就只能是靠笔画死记硬背了。

不过,有的时候一些部件用笔画来解说似乎比用部件名称更容易一些,例如:"京"字,教学生写字时,上面的部件"亠",用一"点"一"横"解说要比用"玄字头"容易,"六、亢、市、交、享、亭、亮、夜、亩"等字都是这样;"表、毒、素、责"等字,上面的部件"龶"用"三横一竖"解说要比用"青字头"容易。

---

① 范可育(1993)从外国学生书写汉字的错误看汉字字形特点和汉字教学,《语文建设》第4期。

利用部件教学还有一点要注意：有一些部件之间的笔画是连贯的，如"串"字的"中、中"，"出"字的"山、山"，"击"字的"土、山"等，这些字中间的"丨"都是一笔连下来。在教学生利用部件记忆汉字的同时，也要提醒他们书写的时候一定要按照笔画顺序，不可以一个部件一个部件地分开写，否则不但影响书写速度，而且很容易把字写得上下断裂。

四、笔画与汉字教学

笔画是国际汉语汉字教学中最难的一部分，特别是对于非汉字圈的学习者，最令他们感到困难的不是笔画的书写，而是笔画的组合。汉字长短不一、横竖不同、曲折交错的笔画常常让他们束手无策，拿着笔不知道如何下手。

1. 利用古文字帮助笔画书写

一般来说，笔画只能是一个个地死记硬背，但是如果教学时选用造字理据明显的字，则可以借助其古文字线条来讲解相应的笔画，利用字的理据性讲解笔画的理据。例如：用甲骨文 ↑ 讲解"大"字的横笔是伸展的手臂，下面是分开的两腿。用甲骨文 ↓ 讲解"木"字的"丨"是树干，上面是树枝，下面是树根。用甲骨文 ⌂ 用讲解"土"像是地面突出的土堆，下面的"一"表示地面。以及用甲骨文 ⌒ 、⌐ 、⼻ 、⼥ 讲解"山、目、又、女"的笔画构成。学生掌握了这些最基本的独体字的笔画顺序，就可以逐步过渡到笔画多的合体字。

2. 注意纠正容易错写的笔画

在实际教学中，学生横平竖直的笔画一般不会有问题，但是弯笔常常写错，主要是弧度不到位，例如：把"犭"写成"扌"，结果"猫"和"描"一样，"狗"和"拘"不分。有时是折笔出问题，主要是折笔不到位，例如：把"觉"字的"见"写成"贝"，把"祝"字的"兄"写成"只"，把"挽"字的"免"写成"龟"，把"奶"字的"乃"写成"刀"，把"凡"字右边的横折弯勾写成"风"字右边的横折勾等。

　　纠正这类字的时候最好把对应的两个字都列出来，比较讲解，例如：猫—描、狗—拘、挽—换、见—贝等。

　　还有的是笔画方向不对，一些学生会把"冬"字下面的点"丶"写成撇"丿"，把"氵"写成"彡"。也有学生不分起笔收笔，比如把"口、囗"一笔写出，写成一个不规则的小圈或者大圈；把"弓、己"一笔连书，写成来来回回的曲线；或把"女"字写成了两个弧线相交的形状。这类错误主要是学生写字时图省事，不按照笔顺和笔形去写。这些情况也都需要及时纠正，以免养成习惯，难以改正。

　　现在有一个问题，由于电脑和手机的普及，学生手写汉字的机会越来越少了。有的老师也因此对笔画要求不严，不大纠正笔画的错误，特别是笔形和笔顺等问题。前面提到，汉语教材《走向未来：新中文教程》直接标明"听、说、读、打、写"，以电脑输入汉字为主，以手写为辅。如果以后都不怎么写了，笔画形状、书写规则、笔画顺序等还有教的必要吗？即便要教，还要教得很仔细吗？这个问题需要进一步讨论。

本章小结

　　当汉字由独体字发展为合体字以后，就有了偏旁，会意字的偏旁都是形旁，形声字的偏旁是形旁和声旁，形旁表示字的含义，声旁表示字的读音。偏旁的位置可以在字的左右、上下、内外，还可以在一个较小的角落，了解和掌握偏旁可以帮助学习汉字。因为很多同义类的字有同样的形旁，许多同音、近音的字有同样的声旁，字典为了检索方便，就把同偏旁的字排在一起，成为一部，把这个偏旁列为部的首字，于是就有了部首。最早的部首是据义归部，同部首的字在字义上都有关联。现在的部首是据形归部，同部首的字，有的和字义有关联，有的和字音有关联，有的和音义都没有关联。由于一些字的形体发生讹变，它的构字单位和字音、字义没有关系，这种不表音也不表义的构字单位就用部件来解说，帮助对字的记忆和书写。部件也用来指称偏旁切分后的构字单位，帮助对偏旁的记忆和书写。笔画是构成汉字楷书字形的最小书写单位，学习汉字要掌握笔画的形状、顺序和组合，教学中可以利用古文字知识帮助笔画书写，也要注意纠正常见的笔画错误。

思考题

1. 什么是偏旁？
2. 为什么有些形旁不表义？有些声旁不表音？
3. 什么是据义归部？什么是据形归部？
4. 什么是部件？
5. 利用部件进行汉字教学要注意什么？

参考书目

苏培成选编（2001）《现代汉字学参考资料》，北京大学出版社。
苏培成（2001）《二十世纪的现代汉字研究》，书海出版社。
苏培成（2014）《现代汉字学纲要》（第3版），商务印书馆。
万叶馨（2012）《应用汉字学概要》，商务印书馆。
梁东汉（1959）《汉字的结构及其流变》，上海教育出版社。

第八章

汉字的繁简与汉字教学

第八章　汉字的繁简与汉字教学

第一节　繁简字概述

一、繁简字形成的时间和原因

繁简字的问题很早就有了，第五章中我们可以看到甲骨文字就有繁简不同的现象，例如："车"字写作 ▫、▫、▫、▫、▫，"齿"字写作 ▫、▫、▫、▫、▫等。甲骨文的简写是因为在龟甲上刻画不易，有时候会少画一些线条，少写部分构件。在后来的文字发展史上，人们在日常生活中为了便于书写，不断地省减一些形体繁复的字的笔画和部件，于是简体字就不断地产生出来。

二、繁简字同存的历史

甲骨文以后，汉字简化从未间断过，战国时期是俗体字出现最多的时期，而俗体字多是笔画省减的简体字。虽然后来李斯做了整理，但《说文解字》仍然收录了一些简体的俗字，蒋善国（1959）说："《说文解字》里面的俗体、或体和重文，凡笔画比较简单的，都是简体字……《说文解字》所收的古文，也有些是简体字。"[1]

其实《说文解字》正文也有简体字，而籀文则是原先的繁体。例如："顶"字，西周铜器铭文写作 ▫（顒），由"鼎"和"页"构成。"页"表示头部之意；"鼎"表示读音，本义是头顶。到了篆文，人们把声符"鼎"换成形体简单的"丁"，写作"顶"。《说文解字》："顶，颠也。从页，丁声。……顒，籀文从鼎。"段玉裁注：

---

[1] 蒋善国（1959）《汉字形体学》380页，文字改革出版社。

"鼎,声也。"

还有的繁简字在《说文解字》中都作为字头出现,例如:"與"和"与"。"與"字,春秋铜器铭文写作 ![字形], 像四只手共举而与之。"与"字,《说文解字》:"与,赐予也,一勺为与,此与與同。"(与,意思是赐予,由"一"和"勺"组成,这个字的用法和"與"相同。)徐灏注笺:"一勺未见赐予意,当以與为正字。与者,與之省耳。"

隶楷之后,简体字不仅用于百姓日常生活,也用于一些民间通俗文学作品。刘复和李家瑞编写《宋元以来俗字谱》,收有宋元明清12种民间刻本中俗体字1600多个,其中大部分是简体字。[①]

三、官方的汉字简化历程

汉字简化作为一种由知识分子提倡的运动,是从20世纪初开始的。那时候许多学者提出要在正式场合使用简体字。1909年,陆费逵在《教育杂志》第一期上发表了提倡简体字的论文《普通教育当采用俗体字》,这是中国历史上第一次公开提倡使用简体字。1920年,钱玄同发表《简省汉字笔画底提议》。1922年,钱玄同与陆基、黎锦熙、杨树达联名向当时的教育部国语统一筹备委员会第四次大会提出《减省现行汉字的笔画案》,提案主张把过去只通行于平民社会的简体字,正式应用于教育上、文艺上,以及一切学术上、政治上。钱玄同指出:"文字本是一种工具,工具应该以适用与否为优劣之标准。笔画多的,难写,费时间,当然不适用。笔画少的,容易写,省时间,当然是适用。我们应该谋现在的适用不适用,不必管古人的精意不精意。"[②]

---

① 刘复、李家瑞(1957)《宋元以来俗字谱》,文字改革出版社。
② 钱玄同《减省现行汉字的笔画案》,《〈国语月刊〉汉字改革号》157—163页,文字改革出版社1957年。

1935年8月,当时的国民政府教育部公布了《第一批简体字表》,收字324个。并且规定:"凡小学、短期小学、民众学校各课本、儿童及民众读物,均应采用部颁简体字。"不过因为有人反对,第二年收回。

1956年2月,为了普及教学,扫除文盲,中华人民共和国国务院通过了《汉字简化方案》,于1956年至1959年间公布了四批简化字共517个。1964年公布了《简化字总表》,收入简化字2236个。1986年对《简化字总表》做了调整,调整后的《简化字总表》收入2235个简化字。《简化字总表》分为三个表,第一表是不做简化偏旁用的简化字,有350字;第二表是可做简化偏旁用的简化字和简化偏旁,有132字和14个简化偏旁;第三表是应用第二表所列简化字和简化偏旁得出来的简化字,有1753字。自从《汉字简化方案》公布以后,中国大陆的学校课本、报刊杂志和书籍出版都统一使用简化字。

四、简化字构成的方式

《简化字总表》公布的2235个简化字的构成方式主要有7种。

(1) 源于古字。所谓"古字"是指出现在与其相对的繁体字之前的本字。例如:"云"和"雲",前面讲了,"云"像云朵形状,后假借为"说"的意思,于是"云"字有了两个意思。为了避免歧义,在"云"字上加"雨"字旁写作"雲",专门表示云朵的意思;而"云"字主要表示说话。汉字简化时用"云"取代"雲"。源于古字的简化字还有"从(從)、须(鬚)、礼(禮)、网(網)、虫(蟲)"等。

(2) 源于草书楷化。例如:"車"字草书写作"东",楷化后写作"车";"書"字草书写作"书",楷化后写作"书"。有的只是一部分草书楷化,例如:"學"草书写作"学",楷化后写作"学"。"層"字,草书写作"层",楷化后写作"层"。属于草书楷化的简化字还有"爲—为—为、買—买—买、專—专—专、蘭—兰—兰、盡—尽—尽、興—兴—兴、農—农—农、樂—乐—乐"等。

（3）取自局部。取繁体字的一部分来代替全字，例如"杀（殺）、丽（麗）、医（醫）、声（聲）、习（習）、竞（競）、离（離）、业（業）、乡（鄉）、开（開）、术（術）、飞（飛）、广（廣）、妇（婦）、奋（奮）"等。

（4）改换偏旁。用笔画少的偏旁取代笔画多的偏旁，例如"笔（筆）、舰（艦）、亿（億）、灯（燈）、础（礎）、种（種）、邻（鄰）、厅（廳）、仆（僕）、担（擔）、拥（擁）、纤（纖）、剧（劇）、毙（斃）"等。

（5）用符号替代。用简单的符号替代繁体字里结构复杂的偏旁或部件，往往一个符号可以代替几种不同的偏旁或部件。例如："汉（漢）、权（權）、对（對）、仅（僅）、戏（戲）、鸡（雞）、邓（鄧）、树（樹）"用符号"又"替代；"风（風）、区（區）、赵（趙）"用符号"乂"替代；"环（環）、还（還）、坏（壞）、怀（懷）"用符号"不"替代等。

（6）同音替代。用笔画少的同音字替代笔画多的字，例如"谷（穀）、听（聽）、斗（鬥）、几（幾）、板（闆）、个（個）、旧（舊）、丑（醜）、千（韆）、面（麵）、松（鬆）、升（昇）"等。

（7）新造简化字。新造笔画少的字替代笔画多的字，例如"尘（塵）、灭（滅）、义（義）、丛（叢）、护（護）、灶（竈）、响（響）"等。

有时，一个简化字对应多个繁体字，例如"发（發、髮）、历（歷、曆）、签（簽、籤）、复（複、復）、脏（臟、髒）、只（隻、祇）、汇（滙、彙）、坛（壇、罎）、摆（擺、襬）、干（乾、幹、榦)、台（臺、颱、檯）、迹（跡、蹟）、脉（脈、脈）"等。

《简化字总表》共有2235个简化字，属于上面7种方法简化的有482个，主要来自第一表和第二表，这些字简化前后形体变化较大，是学习的难点，但是数量不多。其余1753个字在第三表，是利用偏旁类推简化的。例如：

马（馬）：驾驶骂（駕駛罵）　　贝（貝）：贿赂贵（賄賂貴）
见（見）：视现规（視現規）　　车（車）：辆库军（輛庫軍）
纟（糸）：纱绢绳（紗絹繩）　　钅（金）：银钱铃（銀錢鈴）
饣（食）：饱饿饺（飽餓餃）　　讠（言）：说话课（說話課）

这些字数量虽多，但是不难，很容易掌握。

五、简化字的功效

简化字的功效主要是字的笔画减少。有人做过计算，《简化字总表》的2235个简化字的总笔画是23025画，平均每个字10.3画，而被代替的2261个繁体字（有的一个简化字代替多个繁体字），笔画总数是36236画，平均每字16画。相比之下，每个简化字少写5.7画。[①]

六、简化字不需要再简化

现在简化字中笔画多的字还有不少，3500个常用字中20画以上的有27个，其中21画有"蠢、霸、露、躏、霹、髓"，22画有"囊、蘸、瓤、镶"，23画有"罐"，24画有"蠹"。

---

① 苏培成（2014）《现代汉字学纲要》（第3版）128页，商务印书馆。

这些笔画繁复的字写起来还是非常麻烦的，那么要不要继续简化呢？

现在人们的工作和日常生活普遍使用电脑和手机，多是用拼音输入。前面说了，即便是学校的汉语教学，用电脑做作业也越来越普遍。虽然汉字学习的初始阶段还有少量手抄汉字的书写练习，但都是一些形体简单的字，等学到形体复杂、笔画繁多的字时，也到了用电脑打字的阶段了。

如果人们的日常工作、生活、学习，甚至汉语教学的作业都用拼音输入，笔画繁复的字就没有难写的问题了，从这方面讲，汉字也就没有再简化的必要了。

第二节　汉字教学中的繁简字问题及应对方法

一、海外繁简字并用的现象

从1956年《汉字简化方案》公布至今，简化字走过了半个多世纪，中国大陆的汉字已经进入了简化字时代。《中华人民共和国国家通用语言文字法》规定，国际汉语教学应当教授普通话和规范汉字。规范汉字是指经过整理简化并由国家以字表形式正式公布的简化字和未经整理简化的传承字。传承字是指历史上流传下来沿用至今，未加整理简化或不需要整理简化的字。

但是由于台湾和香港地区仍然使用繁体字，所以海外的华人生活在一种繁简并用的环境里，随处可见的中国商铺的招牌、中国饭店的匾额，有简化字，有繁体字，还有异体字，就像中国城里的华侨，既有说普通话的，也有说广东话、福建话、上海话的那样，五音杂处。

在这种情况下，海外的汉语教学也一直都是繁简并用：从中国大陆来的老师用简化字，从台湾和香港来的老师用繁体字；大部分外国学生学习简化字，台湾和香港来的孩子学习繁体字。为了照顾使用不同字体的学生，海外编写出版的汉语教材基本上都是繁简对照，例如：美国出版的姚道中等编写的《中文听说读写》、何文潮等编写的《走向未来：新中文教程》、吴素美等编写的《中文天地》、黄伟嘉等编写的"汉语文化系列教材"等，以及香港中文大学出版的黄伟嘉等编写的《学习汉语与文化》都是一字两体，繁简对照。后来一些中国大陆出版的用于美国的教材也加上了繁体字，例如：北京语言大学出版社的《新实用汉语课本》，不但每一册后面有繁简对照的生词索引，而且从第二册开始，都附有繁体字课文。

因为教材繁简对照，所以老师就要认识和书写繁简两种字体，批改作业时要用不同的字体，有时候在黑板上也要写出繁简两种字体。

二、繁简并用在汉字教学中的问题

同时使用繁简字就会出现一些问题。

学生的问题是，由于课本里繁简并用，一些写繁体字的学生会繁简混写，时间长了，会写出像"覚、関、鸡"这样一半繁体一半简体的错字。这里要说一下，句子里繁简字混写是允许的，但是一个字繁简混写不可以。

老师的问题是，大陆来的老师容易写错繁体字，不只是字写错，有时候是繁简字转换时用错，例如：把"山谷"的"谷"写成"穀"，把"邻里"的"里"写成"裏"，把"茶几"的"几"写成"幾"，把"皇后"的"后"写成"後"，把"不知所云"的"云"写成"雲"等。这种错误是因为不熟悉简化字和繁体字的对应关系。有些繁简字不只是形体不同，意思也有所不同，简化字包含了繁体字的含义，繁体字不包含简化字的意思。例如：

"谷"和"穀"是一对繁简字,"谷"是象形字,甲骨文 像山谷的形状,本义是山口流水处;"穀"本义为谷类作物,左下角的"禾"表示庄稼,是粮食的总称。汉字简化时用"谷"取代了"穀"。写繁体字时,如果把"山谷、深谷、峡谷"的"谷"写成"穀",那就错了,"穀"字没有"山谷"的意思。

"里"和"裏"是一对繁简字,"里"是会意字,《说文解字》:"里,居也。从田,从土。""里"有田有土,意思是人居住的地方;"裏"是形声字,《说文解字》:"裏,衣内也。从衣,里声。""裏"是衣服的内层。汉字简化时用"里"取代了"裏"。写繁体字时,如果把"邻里、乡里、里弄"的"里"写成"裏",那就错了,"裏"没有"人居住的地方"的意思。

"云"和"雲"是一对繁简字,前面讲过,"云"像云朵形状。后来借作"说"的意思,于是在"云"字上加"雨"字旁写作"雲",专门表示云朵的意思,而"云"字则主要表示说话。写繁体字时,如果把"不知所云""人云亦云"的"云"写成"雲",那就错了,"雲"没有"说话"的意思。

有些简繁字是一对二或者更多,这些字写成繁体时很容易出错,例如:把"头发"写成"頭發",把"发展"写成"髮展";把"日历"写成"日歷",把"历史"写成"曆史";把"肯干"写成"肯乾",把"干净"写成"幹净",等等。这种错写现象在海外的网络新闻上经常看到,因为很多新闻是转载来的,选择繁体界面时,电脑把简化字自动转为繁体字时,常常出现这样的问题。

繁简字的问题原来只存在于海外的汉语教学中,但是近些年来,到中国大陆留学的学生越来越多,一些国外大学也来中国举办暑期汉语学习班,他们使用的多是海外的繁简并用的教材,而招聘的多是国内的老师,于是繁简字的问题也出现在国内的国际汉语教学中了。

三、国际汉语教学繁简并用在汉字教学中的积极作用

繁简并用在汉字教学上有时候也有一定的积极作用，当一个字的繁体有比较多的理据性时，用繁体字形讲解容易理解，例如：

讲"为"字的时候借用"爲"。"爲"本义是手牵大象去做工，繁体字形和甲骨文字形 比较接近。同时可以告诉学生简化字"为"是"爲"的草书楷化。

讲"声"字的时候借用"聲"。"聲"本义是手敲磬传声于耳，繁体字形和甲骨文字形 比较接近。同时可以告诉学生简化字"声"是"聲"的局部截取。

讲"习"字的时候借用"習"。"習"的字形和甲骨文字形 比较接近，从羽，从日，意思是鸟在晴日里学飞。《说文解字》："習，数飞也。""数飞"就是不停地飞。同时可以告诉学生"习"是"習"的局部截取。

讲"斗"（dòu）字时借用"鬥"。"鬥"的字形跟甲骨文字形 接近，像二人披头散发徒手相搏状。《说文解字》："鬥，两士相对，兵杖在后，象鬥之形。"同时可以告诉学生"斗"（dǒu）字甲骨文写作 ，本是量器。

讲"买"字的时候借用"買"。《说文解字》："買，市也。从网、贝。"古代贝为货币，从网、贝，意思是网罗钱财而获利。同时可以告诉学生"买"是"買"的草书楷化。

讲"卖"字的时候借用"賣"。《说文解字》："賣，出物货也。从出，从買。""賣"是在"買"字上加"出"字，意思是卖出。同时可以告诉学生"卖"是"賣"的草书楷化。

再举一个例子，"进"繁体字写作"進"，甲骨文写作 ，西周

铜器铭文加"彳"写作 ꤉。高鸿缙《字例》："（甲骨文）字从隹，从止，会意。止即脚，隹脚能进不能退，故以取意……周人变为隹辵，意亦同。不当为形声。"因为鸟行走只能向前，不会后退，于是用"隹"和"止"表示"前进"的意思。简化字用"井"代替"隹"，把会意字改为形声字，虽然"进"字书写方便了，但是在讲解时不如"進"字容易理解，而且缺少了趣味性。

类似的字还有"车—車、开—開、关—關、学—學、双—雙、头—頭、乐—樂"等。这些字用繁体字来讲解形和义确实比只用简化字容易。李泉（2013）说："其实，具体的教学，或教繁体字或教简体字，一般不应二者'并教'，并教可能会带来麻烦，但那不是汉字本身的问题，而是教学策略的问题。事实上，在一定教学阶段，就某些特定汉字进行繁简对比教学，也许不但不会增加负担，反而有利于对汉字的体认和识记。"[①]我们在海外繁简并用的教学实践中体会到的确实如此。

何况很多课本的生词表本来就是繁简字并列的，课堂上讲简体时带出繁体，也是使用繁体字的学生的需要，前面第四章讲"队"字时说过这个问题。课堂上繁简并出，学生是可以接受的，教学中我们发现，学简化字的学生很高兴，原因是既借助繁体字明白了字的形音义，又庆幸自己不用写那么多笔画。学繁体字的学生看到学简化字的学生三画两笔地写完"习、斗、为、买、卖、声、寿、龙"这些字时，很是羡慕。许多繁简字的笔画数相差很大的，例如："鬥"字10画，"斗"字4画；"習"字11画，"习"字3画；"爲"字12画，"为"字4画；"買"字12画，"买"字6画；"賣"字15画，"卖"字8画；"壽"字14画，"寿"字7画；"龍"字16画，"龙"字5画；"聲"字17画，"声"字7画。

---

① 李泉（2013）关于"汉字难学"问题的思考,《汉语国际传播研究》第1辑,商务印书馆。

四、繁简字之争的问题

海外繁简字共存的现象能否解决呢？目前看来没有办法，只能这样维持下去。由于海外繁体字、简化字同时存在，于是一些坚持繁体字的人对简化字就有一些非议，比如说简化字是中国大陆政府简化的，说繁体字应该叫正体字。这个问题持续了很多年了，现在还常有耳闻，有时候学生也会问这类问题。这里我们简单说一下。

首先，汉字简化是汉字发展演变的必然趋势，这在前面已经讲解得非常清楚了，从甲骨文、铜器铭文到战国文字、小篆、隶书，汉字形体由繁复走向简略。其次，简化字不是现代才出现的，中国政府公布的简化字绝大多数是历史上已经存在并且使用的字体。

有学者对简化字来源做了详尽的考证。李乐毅（1996）整理了一个《简化字来源时代一览表》，列出了521个简化字字头（不包括14个简化偏旁）的"始见"时代，下面是表中统计的简化字出现于不同时代的数字：先秦68字，占13.05%；秦汉96字，占18.43%；三国晋南北朝32字，占6.14%；隋唐五代31字，占5.95%；宋辽金元82字，占15.74%；明清太平天国53字，占10.17%；民国59字，占11.32%；中华人民共和国（截止《汉字简化方案》公布，1949—1956）101字，占19.38%。[①] 张书岩等（1997）也做了类似的工作，他们从1986年新版《简化字总表》第一表和第二表中选取了388个字头（含简化偏旁）进行现行简化字的溯源研究，同样证明大量的简化字出现在1956年中国政府实施汉字简化工作之前。[②]

有的繁简字同时出现在甲骨文中，例如："后"和"後"。"后"是象形字，甲骨文写作 ，像女人生孩子之形，"后"字的本义是母

---

① 李乐毅（1996）《简化字源》330页，华语教学出版社。
② 张书岩、王铁昆、李青梅、安宁（1997）《简化字溯源》6页，语文出版社。

权时代女性酋长的称谓，后指帝王妻子。"後"是会意字，甲骨文写作"⿰彳幺夂"，由"彳、幺、夂"组成，"彳"表示道路，"幺"表示小，"夂"表示行走，合起来表示行动迟缓走在后面。从战国末期至西汉前期，"后"字普遍借用来表示"後"字"行走在后面"的意思。[1]

至于"繁体字"该不该叫作"正体字"，在回答这个问题的时候，一并讲一下"简化字"和"简体字"的称谓问题。

（1）"简化字"不同于"简体字"。简体字是历代老百姓为了书写快捷方便而省减笔画或构件的字，也就是"俗体字"；简化字是经过整理并由国家正式公布使用的简体字，没有经过国家正式公布的、不在《简化字总表》上的简体字不属于简化字。

（2）"繁体字"不同于"正体字"。简化字公布以后，人们把与简化字相对的形体繁复的字称作"繁体字"；历代俗体字出现之后，人们把与俗体字相对的官方认可的正式文件和书籍中的字体称作"正体字"。繁体字是对简化字而言，正体字是对俗体字而言。当然，有人一定要把"繁体字"叫作"正体字"也没有什么不可以，但是"繁体字"这个称谓还是存在的。

---

[1] 张书岩、王铁昆、李青梅、安宁（1997）《简化字溯源》59页，语文出版社。

第八章 汉字的繁简与汉字教学

本章小结

简体字很早就有了,甲骨文里就有繁简不同的字体。几千年来人们为了书写方便、快捷,把一些结构复杂的字改为结构简单的字,或者用结构简单的同音字代替结构复杂的字。这些简体字多用于百姓日常生活,而与之相对的"正体字"则用于官方认可的正式文件和正式的书籍。20世纪初,许多学者提出要在正式场合使用简体字。1956年,为了普及教学,扫除文盲,中华人民共和国国务院通过了《汉字简化方案》。《汉字简化方案》公布以后,中国大陆的学校课本、报刊杂志和书籍出版都统一使用简化字。由于台湾和香港地区以及海外还在使用繁体字,所以海外的汉语教学出现繁简两体共存的现象,教材也都是繁简对照。繁简并用导致海外的汉语教学中出现了一些错写错用的问题。但是由于繁简字同时使用,也可以利用繁体字的理据性帮助汉字教学。现在电脑越来越普及,汉字难写的问题基本不存在,所以汉字不需要再简化了。

思考题

1. 简体字最早是什么时候出现的?
2. 为什么要简化汉字?
3. 什么是简化字?什么是简体字?
4. 海外汉语教学繁简字共存造成的问题有哪些?
5. 为什么说汉字不再需要简化了?

参考书目

史定国(2004)《简化字研究》,商务印书馆。

苏培成(2001)《二十世纪的现代汉字研究》,书海出版社。

高更生(2006)《现行汉字规范问题》,商务印书馆。

王凤阳(1989)《汉字学》,吉林文史出版社。

李乐毅(1996)《简化字源》,华语教学出版社。

第九章

汉字的异体、异音、异义与汉字教学

第九章 汉字的异体、异音、异义与汉字教学

第一节 异体字、异音字、异义字概述

一、异体字概述

1. 什么是异体字

前面一章讲繁简字，繁简字有两种或者两种以上不同的形体，它们的不同主要是字体的繁复和简略。还有一类字有两种或者两种以上的形体，它们的不同不是，或者说不主要是繁复与简略，而是形体构造不同，例如：

"灾"和"災"，都表示灾祸。"灾"，甲骨文写作 ⌂，上面是房子，下面是火，用房子着火表示灾祸；"災"，甲骨文写作 ≋，用大水表示灾祸，后加"火"写作"災"，意思是大水、大火为灾祸。甲骨文还有一个表示灾祸的字，写作 ，"戈"上面是头发，意思是斩首，也就是兵灾。后来"灾"和"災"保留了下来。

"泪"和"淚"，都表示眼泪。"泪"是会意字，"氵"和"目"合起来表示眼泪；"淚"是形声字，"氵"表示含义，"戾"表示声音。

"咏"和"詠"，都表示诵读。"咏"的形旁是"口"，"詠"的形旁是"言"。

"粮"和"糧"，都表示粮食。"粮"的声旁是"良"，"糧"的声旁是"量"。

"妆"和"粧"，都表示化妆。"妆"的形旁是"女"，声旁是

"朩";"粧"的形旁是"米",声旁是"庄"。

"峰"和"峯",都表示山峰。"峰"的偏旁是左右排列,"峯"的偏旁是上下排列。

"群"和"羣",都表示人群。"群"的偏旁是左右排列,"羣"的偏旁是上下排列。

上面每一组字的意思和读音完全相同,只是形体构造不一样,有的是造字方法不同;有的是造字方法相同,偏旁不同;有的是造字方法相同,偏旁相同,偏旁位置不同。这一类义同音同形体不同的字叫作异体字。

2. 异体字形成的时间和原因

异体字跟简化字一样早在甲骨文时期就有了,例如:"闻"字,甲骨文写作 ,像一个人跪坐在那里,用手附耳,表示仔细听;也写作 ,像一个跪着的人头上有一个大耳朵;还写作 ,一个站着的人头上有一个大耳朵。后面两字没有繁简之分,只是形体不同,这就是异体字。

前面第五章讲到甲骨文是早期文字,字形大都还没有定型,很多字有不同的写法。例如:"亡"字的 、 (朝向不同),"龟"字的 、 (正侧不同),"帝"字的 、 (上下颠倒),"好"字的 、 (偏旁左右颠倒),"昔"字的 、 (偏旁上下颠倒)。"牢"字的 、 、 (圈里的"牛、羊、马"不同)、"逐"字的 、 、 、 、 (追逐的"豕、犬、兔、鹿"不同,还有两个"豕"的)等等,这些都是异体字。

甲骨文后,异体字越来越多。中国地域辽阔,人口众多,古代交通很不发达,几千年来人们在不同的时期、不同的地方,用不同的方法,为同一个字造出了不同的字体。或者一个字在使用的过程中，由于种种原因，改换了偏旁，改变了偏旁位置，于是也就出现了异体。这些异体字被大家接受，被字书收录，也就保留了下来。例如：

"耻"和"恥"。"耻"原本写作"恥"，战国文字写作 𰁜，《说文解字》："恥，辱也。从心，耳声。"（恥，意思是羞辱。"心"表示字义，"耳"表示读音。）因为后来语音发生变化，"恥"字和声符"耳"的读音出现了距离；又因为草书的"心"和"止"形体近似，楷化后出现混同，于是人们便把"恥"字的"心"字旁写成与读音相近的"止"字旁了。①

有些异体字的出现跟社会文化有关，例如：《现代汉语词典》"罪"字下列出异体字"辠"。其实，"罪"原本就写作"辠"，《说文解字》："辠，犯法也。从辛，从自，言罪人蹙鼻苦辛之忧。秦以辠似皇字，改为罪。"意思是说秦始皇觉得 辠（辠）的字形近似於 皇（皇）（篆文 皇 字上面是"自"字），于是借原本表示渔网的"罪"字来代替。《说文解字》："罪，捕鱼竹网。从网、非。秦以罪为辠字。"（罪，意思是捕鱼的竹网。"网"和"非"合起来表示字义。秦始皇用"罪"替代"辠"字。）

和"罪"字情况相似的还有"原"字。《现代汉语词典》在"原来"条后附"元来"，在"原原本本"条后附"元元本本"。其实"原来"的"原"最早写作"元"，改写为"原"是明朝初年的事。明末清初人顾炎武在《日知录》中说："元者，本也。本官曰元官，本籍曰元籍，本来曰元来。唐宋人多此语，后人以'原'字代之，不知何解……或以为洪武中臣下有称元任官者，嫌于元朝之官，故改此字。"（元，意思是本。"本官"叫"元官"，"本籍"叫"元籍"，"本来"叫

---

① 李圃（2003）正本清源说异体，《语言研究》第1期。蒋善国（1959）认为"恥"写作"耻"是因为汉隶中"心"和"止"字形相当接近，见《汉字形体学》192页，文字改革出版社。

"元来"。唐宋时人大都这么用,后来人们用"原"字代替它,不知为什么……有人认为是因为洪武年间官吏中有称为"元任官"的,嫌看着像元朝授任的官,所以改用这个字。)"元任官"意思是已离职之官。李荣(1980)解释顾炎武这段话时说:"明朝推翻元朝,明朝初年有必要避免'元官、元籍、元来'一类的写法。'或以为'以下大概是作者的本意。元清两代均以异族入主中原,顾炎武有所忌讳,未便说得十分明确。'原来、原籍'一类写法通行之后,'元'字一部分功能就转移给'原'字了。"①

还有一种异体字只是笔画略有不同,例如"吴—吳、教—敎、并—幷、别—別、亚—亞、册—冊、刃—刄、青—靑、真—眞、争—爭"等,这些字有人称为"异写字"。这是书写过程中,因为草书和正楷之间的转换,或者个人的书写习惯,以及为了书写快捷美观等原因造成的。②也有的是印刷字体宋体和楷体的不同笔形和笔势造成的。

3. 异体字的数量和整理

据统计,东汉的《说文解字》9353个汉字中,异体字有1100多个(重文)。清朝的《康熙字典》47000多个汉字中,异体字有10000多个。现代的《汉语大字典》54678个汉字中,异体字约有20000个。③汉字从甲骨文到现在,数量越来越多,一个主要原因就是异体字增加。

异体字数量庞大,给字典编写增加了负担,也给汉语学习带来麻烦,中国政府在推行简化字的同时对异体字也做了整理。1955年,中华人民共和国文化部和中国文字改革委员会联合公布了《第一批异体字整理表》,列出810组异体字,共1865个。根据从简从俗的原则,每组异

---

① 李荣(1980)汉字演变的几个趋势,《中国语文》第1期。
② 刘延玲(2004)试论异体字的鉴别标准与整理方法,张书岩主编《异体字研究》94—103页,商务印书馆。
③ 韩敬体(2004)异体字及其在现代汉字系统中的处理,张书岩主编《异体字研究》196页,商务印书馆。

体字选定一个形体作为规范字，淘汰了其余的1055个字。

从俗，是在异体字中选择人们常用的而且流行广的字，例如："耻—恥"，留"耻"去"恥"；"考—攷"，留"考"去"攷"；"届—屆"，留"届"去"屆"。

从简，是在异体字中选择形体简单的字，例如："年—秊"，留"年"去"秊"；"注—註"，留"注"去"註"；"床—牀"，留"床"去"牀"。

如果从简从俗不一致，则从俗，例如："救—捄"，留"救"去"捄"；"胚—肧"，留"胚"去"肧"；"霸—覇"，留"霸"去"覇"。

对于偏旁位置不同的异体字，一般保留左右排列的，例如："峰—峯"，留"峰"去"峯"；"群—羣"，留"群"去"羣"。但是也有保留上下排列的，例如："案—桉"，留"案"去"桉"，"拿—舒"留"拿"去"舒"。

在其后的几十年中，《第一批异体字整理表》又做了几次调整，把一些异体字有条件地恢复为规范字。2013年公布的《通用规范汉字表》，列出异体字794组，淘汰异体字1023个。

整理异体字也包括整理印刷字体，文化部和文字改革委员会于1965年1月发布了《印刷通用汉字字形表》，收印刷通用宋体字6196个，规定了每个字的标准字形，包括笔画数、笔画形状、结构方式和书写笔顺。

2000年颁布的《中华人民共和国国家通用语言文字法》第十七条规定，异体字为非规范汉字，除了文物古迹，书法、篆刻等艺术作品，题词和招牌的手书字，出版、教学、研究中需要使用的，经国务院有关部门批准的特殊情况以外，不允许使用。

二、异音字概述

1. 什么是异音字

异音字也叫多音字，是一个字有两个或者两个以上的读音。

2. 异音字的种类

异音字有两种。

一种是异音异义字，就是读音不同，意思也不一样，例如：

行xíng走—行háng列、音乐yuè—快乐lè、长zhǎng辈—长cháng短、归还huán—还hái有、便biàn利—便pián宜、朝zhāo霞—朝cháo向、重zhòng要—重chóng复、弹dàn弓—弹tán琴

一种是异音同义字，也叫"异读字"，就是读音不同，意思一样。例如：

"血"读作xuè和xiě、"薄"读作bó和báo、"嚼"读作jué和jiáo、"削"读作xuē和xiāo、"塞"读作sè和sāi、"露"读作lù和lòu、"熟"读作shú和shóu、"尿"读作niào和suī、"谁"读作shuí和shéi、"那"读作nà和nèi、"这"读作zhè和zhèi

3. 异音字出现的时间

异音字出现的时间很早，现在能见到最早的记载是汉代《说文解字》，下面看几个例子。

"丨"，《说文解字》："丨，上下通也。引而上行读若囟，引而下行读若退。"（丨，意思是上下通彻，引笔画向上，读音如"囟"；引笔画向下，读音如"退"。）

"囧"，《说文解字》："囧，窗牖丽廔闿明，象形。凡囧之属皆从囧。读若犷。贾侍中说：读与明同。"（囧，意思是窗格交错明亮，

像窗格形。大凡囧的部属都从囧。读音如"犷"。贾侍中说：读音和"明"相同。）

"訇"，《说文解字》："訇，骇言声。从言，匀省声。汉中西城有訇乡。又读若玄。"（訇，意思是惊叫声。从言，匀省声。汉中郡西城县有訇乡。又读音如"玄"。）

"皀"，《说文解字》："皀，谷之馨香也。象嘉谷在裹中之形。匕，所以扱之。或说，皀，一粒也。凡皀之属皆从皀。又读若香。"（皀，意思是谷子的香气。像上好的谷子在谷皮之中的样子。匕，是用来取饭的工具。另一义说，皀，是一粒。大凡皀的部属都从皀。又读音如"香"。）

刘莉（2012）说，汉魏经注的音读材料中也存有一些异音字的记录。①

4. 异音字产生的原因

（1）异音异义字产生的原因

异音异义字产生的原因主要为两种，一是词义引申，一是文字假借。

词义引申是说，一个字的本义产生出其他引申义，如果引申义的读音与本义不同，就形成了一形多音，也就是异音字。例如：

"行"字，甲骨文写作 ，像四方通达的道路，读háng。《诗经·小雅·小弁》："行有死人，尚或墐之。"（路上有个死人，还有人来埋葬他。）从"道路"引申出"行走"义，读xíng。《诗经·小雅·大东》："佻佻公子，行（xíng）彼周行（háng）。"（独自一人的公子，行走在大路上。）

"乐（樂）"字，甲骨文写作 ，像琴弦在木架上，金文写作

---

① 刘莉（2012）《汉魏音读异读字研究》，北京大学博士论文。

，中间的"白"像调弦之器。"乐"的本义是音乐，读yuè，《说文解字》："乐，五声八音总名。"人们听到音乐感到快乐，引申为"快乐"，读lè，《论语·学而》："有朋自远方来，不亦乐乎！"

"长"字，甲骨文写作　　，像拄着拐杖的长发老人，本义是年长，读zhǎng。后由年老人头发长，引申为长短之长，读cháng。也有人说，先有头发长短之长，后引申为滋生增长之长。

"背"字，《说文解字》："背，脊也。从肉，北声。"意思是脊背，读bèi。后引申为用脊背驮东西，读bēi。

"教"字，甲骨文写作　　，像手持械教育孩子，"爻"表示读音，一说是算具，本义是施教，读jiào。后引申为传授知识，读jiāo。

"好"字，甲骨文写作　　，表示女人有孩子，读hǎo。古代典籍常用义为"美"，《说文解字》："好，美也。从女子。"《战国策·赵策》："鬼侯有子而好，故入之于纣，纣以为恶。"（鬼侯有个女儿很漂亮，所以把她送给纣，纣认为她很丑。）后引申为动词，做"喜爱"讲，读hào。《论语·子罕》："吾未见好德如好色者也。"（我没有见过喜爱美德如同喜爱美色的人。）

在异音异义字中，人们把用改变声调来区别词义叫作"四声别义"，也叫"破读"。古书中比较典型的例子是《史记·淮阴侯列传》："汉王授我上将军印，予我数万众，解衣衣我，推食食我。"（汉王授予我上将军的印信，给我几万人马，脱下身上衣服给我穿，把食物让给我吃。）第一个"衣"是名词，衣服，读yī；第二个"衣"是动词，穿衣服，读yì。第一个"食"是名词，食物，读shí；第二个"食"是动词，给食物吃，读sì。

再看一个例子，刘向《说苑·贵德》："吾不能以春风风人，吾不能以夏雨雨人，吾穷必矣。"（我不能像春风吹拂人，我不能像夏雨润泽人，我穷困是一定的了。）第一个"风"是名词，春天的风，读

fēng；第二个"风"是动词，吹拂，读fèng。第一个"雨"是名词，夏天的雨，读yǔ；第二个"雨"是动词，润泽，读yù。

"衣（yī）—衣（yì）、食（shí）—食（sì）、风（fēng）—风（fèng）、雨（yǔ）—雨（yù）"这四组异音字，前者为本义、本音，后者为引申义、破读音。孙玉文（1993）说上古时期就已经有四声别义的异读现象了。①

常见的"破读"字还有："看（kàn）"，瞧、瞅；"看（kān）"，守护。"缝（féng）"，缝补；"缝（fèng）"，缝隙。"担（dān）"，用肩膀挑；"担（dàn）"，担子。还有些字的声母也不同，例如"传（chuán）"，传播；"传（zhuàn）"，传记。"调（tiáo）"，调弦；"调（diào）"，腔调。"朝（zhāo）"，朝霞；"朝（cháo）"，朝向。吕叔湘（1980）说："这类字很多。它们的读音差别是古来就有的，规律性颇强，主要是用不同的声调表示不同的词类，声母的不同往往是声调不同引起的（如'传''调'）。"②

文字假借是借用一个字表示另外一个音同或者音近的字，这种情况古汉语中很常见。我们前面讲过"假借"是造字方法"六书"之一。这里我们所说的异音字的文字假借，主要是指简化汉字时借用形体简单的字替代形体繁复的字，例如：

"斗"字，本为容量单位，借来做表"争斗"的"鬥"的简化字。

"只"字，本是副词，表示范围，借来做量词的"隻"的简化字。

"卜"字，本义是占卜，借来做"萝蔔"的"蔔"的简化字。

---

① 孙玉文（1993）上古汉语四声别义例证，《古汉语研究》第1期。
② 吕叔湘（1980）《语文常谈》29页，三联书店。

"板"字,本义为片状的较硬物体,借来做"老闆"的"闆"的简化字。

"谷"字,本义是山谷,借来做表"谷物"的"穀"的简化字。

"丑"字,本义为天干地支名,借来做表"丑陋"的"醜"的简化字。

如果被假借的字不是同音字,那么这个假借字就有了不同的读音,也就成了异音字。例如上举的前三字,"斗"表示"斗升"的意思时读dǒu,表示"争斗"的意思时读dòu;"只"表示"仅有"等意思时读zhǐ,表示单独或者用作量词时读zhī;"卜"表示"占卜"的意思时读bǔ,在"萝卜"一词中读bo。

这类假借形成的异音字,还包括外语词语的音译字,例如:

"茄"(qié)字,本为蔬菜名,借为英语"cigar(雪茄)"的译音字,读jiā。

"打"(dǎ)字,本义为打击,借为英语"dozen(十二个)"和"soda"(苏打)的译音字,读dá。

"卡"(qiǎ)字,由"上""下"二字组成,意思是关卡,借为英语"card(卡片)"和"calorie"(卡路里)的译音字,读kǎ。

(2)异音同义字产生的原因

异音同义字主要来源于两个方面。

一是读书音和口语音的不同,即"文白异读",例如:

"血"读书音为xuè(血统、血缘);口语音为xiě(猪血、流血)。

"薄"读书音为bó(轻薄、薄弱),口语音为báo(薄饼、薄被)。

"嚼"读书音为jué（咀嚼），口语音为jiáo（嚼烂、咬文嚼字）。

"熟"读书音为shú（熟悉、成熟），口语音读shóu（饭熟了）。

"露"读书音为lù（露骨、露宿），口语音为lòu（露面、露马脚）。

"塞"读书音为sè（闭塞、搪塞），口语音读sāi（塞住、塞子）。

"削"读书音为xuē（剥削、削弱），口语音读xiāo（削皮、削苹果）。

二是受方言影响，例如：

"尿"本读niào，受方言影响又读suī。

受读书音和口语音影响的异读字，字典里还有保留；受方言影响的异读字，字典里已经很少了。

5. 异音字的数量和整理

异音字在现代汉语中有相当多的数量。据统计，《现代汉语常用字表》3500字中有异音字558个，占15.94%。《现代汉语通用字表》7000字中有异音字825个，占12.17%。《现代汉语词典》（第5版）有异音字952个。[①]

异音字中，异音异义字用不同的读音表示不同的意思，其作用是减少汉字的数量；而异音同义字（异读字）的异音不表示新的意思，只是造成字音混乱，增加学习负担。

中国政府在整理异体字的同时就开始整理异读字，1956年组成了普

---

① 许艳平、张金城（2010）现代汉语多音字定量考察，《长江学术》第2期。

通话审音委员会，对异读词进行审音。从1957年到1963年分三次陆续发表了《普通话异读词审音表初稿》《普通话异读词审音表初稿（续）》《普通话异读词三次审音总表初稿》。1985年发布了《普通话异读词审音表（修订稿）》，对普通话有异读的词和有异读的作为"语素"的字做了审定，并且说明在字后注明"统读"的，表示此字不论用于任何词语只读一音（轻声变读不受此限）。对一些文白二读的也做了说明，并给出了词例。《普通话异读词审音表（修订稿）》共审定了839条异读词的读音，整理后减少了许多字的读音。

例如："法"字，邰汶东（1984）说："如果找一本建国初期编的或者解放前出版的字典来查那上面的'法'字，它们可能给'法'字注fā、fá、fǎ、fà四个音，'没法儿'的'法'读fā，'想法子'的'法'读fá，'法律''方法'的'法'读fǎ，'法国'的'法'读fà。按说还应该加一个读轻声的fa，象'你有什么想法？''这是我个人的看法'里的'法'就读轻声。"①《普通话异读词审音表（修订稿）》中"法"字只有一个读音fǎ。

三、异义字概述

异义字甲骨文里就有了，甲骨文里众多的假借字，假借之后仍然保留本义的就是异义字。例如："凤"字，甲骨文像高冠长尾的大鸟，又借为风；"田"字，甲骨文像田猎战阵之形，又借指农耕之田；"鼎"字，甲骨文像器皿，又借指占卜贞问；"羌"字在甲骨文里既是族名，又是地名，还是方国名。②一个字由于假借或者词义引申有了两个或两

---

① 邰汶东（1984）《汉字今昔》79页，上海教育出版社。
② 这些字的甲骨文例证可参看徐中舒（1989）《甲骨文字典》，四川辞书出版社。

个以上的字义，这种形体一样，读音一样，意思不一样的字叫作"异义字"，也叫"多义字"。

1. 由假借产生的异义字

最典型的有"花、米、足"等。

"花"，本来是植物的繁殖器官，例如"花朵、鲜花"；假借来表示耗费、使用，例如"花钱、花时间"。

"米"，甲骨文写作 ，小点是米粒的形状，本来是粮食作物的子实，例如"稻米、小米"；假借来表示长度单位，例如"厘米、分米"。

"足"甲骨文写作 ，像连腿带脚的下肢，本来是腿脚，例如"足球、手舞足蹈"；假借作"充裕"讲，例如"足够、丰衣足食"。

2. 由词义引申产生的异义字

最典型的有"快、慢、兵"等。

"快"字，《说文解字》："快，喜也。从心，夬声。"本义是喜悦。《周易·旅卦》："旅于处，得其资斧，我心不快。"（旅居于外乡，虽然得到货财器用，但心情不愉快。）人高兴了做事情会比较迅速，所以引申为速度快。《晋书·王湛传》："此马虽快，然力薄不堪苦行。"（这匹马虽然跑得很快，但是力弱受不了艰苦的行程。）

"慢"字，《说文解字》："慢，惰也。从心，曼声。"本义是懒惰。《左传·昭公二十年》："政宽则民慢。"（政策宽厚，民众就怠慢。）人懒惰了做事情会比较缓慢，所以引申为速度慢。白居易《琵琶行》："轻拢慢捻抹复挑。"（轻轻地拢慢慢地捻，顺着琴弦滑下又挑起。）

"兵"字，甲骨文写作 ，像双手握着一把斧子。《说文解字》："兵，械也。从廾持斤。""兵"的本义是兵器，《荀子·议兵》:"古之兵,戈、矛、弓、矢而已矣。"(古代的兵器,不过是戈、矛、弓、箭罢了。)成语"短兵相接"用的就是"兵"的本义。后来引申为拿着兵器的人,即士兵。《战国策·赵策四》:"必以长安君为质,兵乃出。"(必须要用长安君做人质,才出兵。)

第二节 汉字教学中的异体字、异音字、异义字问题及应对方法

一、异体字与汉字教学

跟繁体字一样,在中国大陆异体字基本上已经不再使用,所以汉语教学不存在异体字的问题。但是在国际汉语教学中,由于海外的报纸、杂志,以及汉语教材繁简并存,异体同出,因此不管是海外的汉字教学还是对来华留学生的汉字教学,异体字仍然是一个问题。

例如:"災、筍、脣、詠、恥"这些字在大陆是被淘汰的异体字,但是在台湾地区是标准用字,收入《常用国字标准字体表》中。《常用国字标准字体表》还有很多字和大陆的规范字有细微差别,有的是笔画形状不同,如"今—今、次—次、化—化、低—低、兑—兑";有的是笔画组合不同,如"刃—刃、别—别、斥—斥、彦—彦";有的是部件不同,如"没—没、亮—亮、全—全、寺—寺";有的是框架结构不同,如"感—感";有的是笔画数目不同,如(下标为笔画数)"及$_3$—及$_4$、差$_9$—差$_{10}$、巨$_4$—巨$_5$、吕$_6$—呂$_7$";还有的是笔画数目、笔形、部件都不同,如"育$_8$—育$_7$、敖$_{10}$—敖$_{11}$、奥$_{12}$—奧$_{13}$、温$_{12}$—溫$_{13}$"等。

费锦昌(1993)将大陆《现代汉语常用字表》(3500字)和《现代汉语通用字表》(7000字)与台湾《常用国字标准字体表》(4808

字）中的4786个字做了详细比较，发现：（一）字形相同的有1947字，占41%。（二）字形近似的有1170字，占24%。其中：1. 笔画数相同，个别笔画形状或笔画组合或部件或间架结构稍有差异的674个；2. 笔画数目不同的175个；3. 笔画数目不同，个别笔画形状或笔画组合或部件或间架结构也稍有差异的321个。（三）字形差别较大的有1669字，占35%，其中繁简字1474个，异体字195个。①

所以教学中注意不要把学生写的异体字判为错字，特别是笔画有略微差别的异写字。教师应该掌握异体字知识，能够区分规范字和异体字，了解异体字的构成理据。

对于"峰—峯、案—桉、够—夠"这些偏旁位置不同形成的异体字，要给学生讲清楚，这一类的异体字有的其实是错字，例如："邻"字不应该写成"阾"。"邻"的繁体字写作"鄰"，《说文解字》："鄰，五家为鄰。从邑，粦声。"（邻，意思是五家毗连为邻。"邑"表示字义，"粦"表示读音。）"邻"的意思是居住在附近的人家，所以应该是表示人聚居地方的"邑"字旁的"邻（鄰）"，而不应该是表示地势高低不平的"阜"字旁的"阾（隣）"。

有些字的偏旁位置是不可以随便调换的，换了就变成了不同的字，所以要注意不要把"杏"写成"呆"，把"旮"写成"旯"，把"陪"写成"部"，或者写成谁也不认识的错字。这一类字有的可以从字体构成上帮助学生辨识，例如"陪"和"部"，"陪"的"阝"旁原本是"阜"，像土山的形状，"陪"字本义是重迭的土堆；"部"的"阝"旁原本是"邑"，表示人聚居的地方，"部"字本义是地名。

2013年公布的《通用规范汉字表》，其附录的《规范字与繁体字、异体字对照表》对海外汉语教学很有用处，对照表清晰地指出了规范字与繁体字、异体字的关系，一目了然。例如：

---

① 费锦昌（1993）海峡两岸现行汉字字形的比较分析，《语言文字应用》第1期。

叹—嘆—歎,"叹"为规范字,"嘆"为繁体字,"歎"为异体字。

汇—匯—滙,"汇"为规范字,"匯"为繁体字,"滙"为异体字。

妆—妝—粧,"妆"为规范字,"妝"为繁体字,"粧"为异体字。

闲—閑—閒,"闲"为规范字,"閑"为繁体字,"閒"为异体字。

邻—鄰—隣,"邻"为规范字,"鄰"为繁体字,"隣"为异体字。

线—綫—線,"线"为规范字,"綫"为繁体字,"線"为异体字。

厕—厠—廁,"厕"为规范字,"厠"为繁体字,"廁"为异体字。

鹅—鵝—䳘—鵞,"鹅"为规范字,"鵝"为繁体字,"䳘、鵞"为异体字。

二、异音字与汉字教学

汉字本来就很难表示读音,异音字更让外国学生束手无策,例如:初级汉语课本一开始就会出现的"着"字,在"老师站着上课"这句话中"着"读zhe,在"他睡着了"中读zháo,在"飞机着陆了"中读zhuó。再如:"还"字,在"她还在学习"中读hái,在"我去图书馆还书"中读huán;"觉"字,在"我觉得汉语不难"中读jué,在"我昨晚没有睡觉"中读jiào;"为"字,在"因为"中读wèi,在"成为"中读wéi。这些有不同读音的字,如果不知道什么词该读什么音,就会读错。

有的异音字很难讲清楚其读音规律,例如"哄"字,在"哄抢、哄堂大笑"中读hōng，在"哄骗、哄小孩子"中读hǒng，在"起哄、一哄而散"中读hòng。再如"糊"字，《现代汉语词典》有hū、hú、hù三个不同的读音，读"hū"是指用较浓的糊状物涂抹缝隙、窟窿或平面；读"hú"是指用黏性物把纸、布等粘起来或粘在别的器物上，或者粥类食品；读"hù"是指样子像粥的食物。三个读音的意思都跟黏性的糊状物有关，要给外国学习者讲清楚三种读音的区别是比较困难的，有时候只能让他们根据字典的标音死记硬背了。但是我们还是能找到一些方法帮助异音字教学。

1. 利用汉字形体构成的理据性确定异音字的读音

部分异音字产生于词义引申或者文字假借，因此可以利用汉字形体构成的理据性来帮助异音字的记忆，例如"还""觉"。

"还（還）"字，甲骨文写作 ![图], 从彳，睘声；西周铜器铭文写作 ![图], 从辵，睘声。"彳"和"辵"都表示行走。《说文解字》："还，复也。从辵，睘声。""复"是"返回"的意思。告诉学生"还"有"辶"旁，它的本义是"返回"，所以在"还书""还钱"这些与"返回"有关的词语中要读huán；而与"返回"无关的"表示现象继续存在或动作继续进行"等意思读hái。

"觉（覺）"字，最早见于战国文字，写作 ![图]，《说文解字》："觉，寤也。从见，学省声。一曰发也。""寤"是睡醒的意思，"发"是发觉的意思。"觉"的形旁是"见"，本义是醒来看见而有所明白；声旁是"学"的省声，所以在"感觉、觉得、发觉、如梦初觉"等与"明白"有关的词语中要读与"学"字音相近的jué；而"觉"字的"睡觉"义是引申而来的，"午觉、懒觉、睡不着觉"中这些与"明白"无关的"觉"要读jiào。知道了"觉"的声旁是"学"字省声，也就明白为什么"觉"跟"学"有相同的部件，有相似的读音。借助字形讲解异音字，不但可以帮助学生掌握字的正确读音，还可以加深对字的理解和记忆。

2. 利用《现代汉语词典》和《普通话异读词审音表》确定异读字的读音

《汉代汉语词典》在一些通行的异读字下注明异音的原因，例如："熟"shóu字下，注明"〈口〉义同'熟'（shú）"；"那"nèi字下，注明"'那'（nà）的口语音"；"谁"shuí字下，注明"'谁'shéi的又音"。

《普通话异读词审音表》对有文白二读的字，用"文""语"作注，并说明"前者一般用于书面语言，用于复音词和文言成语中；后者多用于口语中的单音节及少数日常生活事物的复音词中。"[①]例如：

"血"字，（一）xuè（文）：用于复音词及成语，如"贫血""心血""呕心沥血""血泪史""狗血喷头"等；（二）xiě（语）：口语多单用，如"流了点儿血"及几个口语常用词，如"鸡血""血晕""血块子"等。

"薄"字，（一）báo（语）：常单用，如"纸很薄"；（二）bó（文）：多用于复音词，如"薄弱""稀薄""淡薄""尖嘴薄舌""单薄""厚薄"。

"剥"字，（一）bō（文）：如"剥削"；（二）bāo（语）。[②]

《现代汉语词典》在"剥"字的不同读音下还有比较详细的说明。"剥"bāo，去掉外面的皮或壳：剥花生、剥皮；"剥"bō，义同"剥"（bāo），专用于合成词或成语，如剥夺，生吞活剥。

这些规范性的说解有助于汉字的语音教学。

---

① 教育部语言文字信息管理司组编（2015）《语言文字规范标准手册》174页，商务印书馆。

② 《普通话异读词审音表》中这几个字的解说格式不一致，为了便于理解，这里做了一点儿改动，使其统一。下面《现代汉语词典》的解说格式也做了一点儿改动，以便与上面统一。

3. 了解异音字的变化

这里说的异音字的变化是指一些读音的产生和消失。汉语中有的异音字原本是没有异音的，是因为人们读错而出现的，因为错读的时间长，错读的人多，字典收录了这个错读的音，成为规范的读音，最典型的有"荨、曝"二字。

"荨"字，《现代汉语词典》第2版只有一个读音qián，列有"荨麻qiánmá"和"荨麻疹qiánmázhěn"两个词条；从第4版开始"荨麻疹"列在"荨"xún字音下，读为xúnmázhěn。这是因为很多人长时间地把"荨麻疹"的"荨"念半边字，读作xún，结果"荨"就有了两个读音。

"曝"字，《现代汉语词典》第2版"曝"只有一个读音pù，异体字是"暴"。列有"曝光pùguāng"一词，注明：也说暴（bào）光。从第4版开始"曝光"列在"曝"bào字音下，成为bàoguāng。这也是因为很多人长时间地把"曝光"的"曝"念半边字，读作bào，于是"曝"就有了两个读音。

也有一种情况是比较少用的读音被常用的读音挤掉，例如：

"妨"字，《现代汉语词典》第2版有两个读音，"不妨、何妨"在"妨"fāng字音下，但是很多人读"不妨、何妨"时会随"妨碍、妨害"读fáng，从第4版开始"不妨、何妨"也列在"妨"fáng字音下，"妨"的读音fāng消失了。

"从"字，《现代汉语词典》第2版有两个读音，"从容"在"从"cōng字音下，但是很多人读"从容"时会随"从此、从来"读cóng，从第4版开始"从容"也列在"从"cóng字音下，"从"的读音cōng消失了。

吕叔湘（1980）说："比较少用的读音很容易被常用的读音挤掉，例如'间接'不说jiànjiē而说jiānjiē，'处理'不说chǔlǐ而说chùlǐ，'从容'不说cōngróng而说cóngróng，'一唱一和'的'和'不说hè

而说成hé，不但常常可以从一般人嘴里听到，而且也常常可以从电影里、舞台上和广播里听到。是不是有一天会'积非成是'呢？谁也不敢预言。"[1]吕先生1980年说的"谁也不敢预言"，今天就已经有应验的了。

鉴于这种情况，老师要经常查阅新修订的字典、词典，了解新近发布的有关汉字的各项规定，避免将自己的使用习惯或者旧的说法教给学生。

海外汉语课堂上时常会出现的一些不同的读音，例如：台湾的学生把"学期"的"期"读作qí，把"法国"的"法"读作fà，也会把"曝光"的"曝"读作pù。对于这种情况，老师不要轻易去纠正他们的读音，他们的读音是已经习惯了的，而且有依据的。台湾地区的《重编国语辞典修订本》中"期"字，音qí，又音qī；"法"字前面讲过曾有四种读音，《重编国语辞典修订本》虽然把"法国"的"法"并入第三声，但是很多学生还是读第四声；《重编国语辞典修订本》中"曝光"的读音是pùguāng。

老师要做的是告诉学生《普通话异读词审音表》和《现代汉语词典》的规范读音，并引导他们读规范的字音。另外也要告诉学生，《普通话异读词审音表》把一些异读词的读音合并是正确的做法，例如把"法"的四种读音并为一种，并不影响语言交流，还减轻了学习的负担。

另外，在教材编写方面，特别是初级教材阶段，要尽量减少异音字的出现，至少避免异音字在短时间内集中出现，这样可以给学生一个记住异音字常用读音的时间。等学生掌握了常用读音以后，再出现其他读音，通过句子语境对比，让学生掌握不同字音所表示的不同意义。例如："好"字，先出"好hǎo坏"，再出"爱好hào"；"都"字，先

---

[1] 吕叔湘（1980）《语文常谈》31—32页，三联书店。

出"都dōu来了",再出"首都dū";"看"字,先出"看kàn书",再出"看kān家";"乐"字,先出"快乐lè",再出"音乐yuè";"薄"字,先出"书很薄báo",再出"单薄bó";"几"字,先出"几jǐ个",再出"茶几jī"。

有一些异音字很难分出哪个读音最常用,哪个应该先出现,例如:"教jiāo汉语"和"教jiào室"几乎同时出现;"长zhǎng大"和"长cháng短"很难分出先后;"背bēi包"和"背bèi后"都很常用。若有可能,课文里面还是尽量把它们分开一些。

三、异义字与汉字教学

异义字也是外国学生学习汉字的一个难题,前面第四章说过,讲解假借字时通过古文字形体说明本字的形和义,能帮助学生理解性地记忆字形。对假借和引申产生的异义字也应当如此。例如:

"张"字,汉语教材的前几课就会出现,而且最先出现的是量词用法。汉语的量词是外国学生最头疼的,如果我们借助字源讲解,学生就容易明白。《说文解字》:"张,施弓弦也。从弓,长声。""施弓弦"是拉紧弓弦,后引申为张开的动作。因为张开的弓是一个平面,于是又用作平面物体的量词,常见的有"一张纸、一张桌子、一张床"等。施正宇(2009)说:"'张'的本义是上弓弦,后引申为'张开弓弦'的意思……又引申用于一切张开的动作乃至张开之物,如一张纸。"[①]

从字源上讲解异义字,还可以帮助书面语学习。一些异义字的本义不用于现代汉语口语,但是保留在书面语的双音词和成语中,例如"闻"字,出现在汉语课本里最早的意思是用鼻子嗅,但是无法用"闻"的字形讲解字义。如果我们告诉学生,"闻"的字形原本是一个

---

① 施正宇(2009)《原原本本说汉字》202页,北京大学出版社。

人跪坐在那里,用手附耳,表示仔细听,到了战国时期写作"从耳,门声"的"闻",后来又假借表示用鼻子嗅的意思,这样学生就容易记住"闻"的字形,而且也知道了"闻"的本义,于是对"新闻""听而不闻"这些书面语就容易理解了,以后遇到"闻风而逃""闻鸡起舞""闻所未闻"等成语时,也就不会误解"闻"的意思了。

下面再看几个例子。

"造"字,现代汉语常用义为"制作"。"造"字春秋铜器铭文写作 。《说文解字》:"造,就也。从辵,告声。"(造,意思是前往。"辵"表示字义,"告"表示读音。)"造"的本义是前往,到某地去。《世说新语·任诞》:"便夜乘小船诣之,经宿方至,造门不前而反。"(于是夜里乘坐小船去拜访,经过一夜才到,到了门口不进去却折返回去。)学生知道了"造"的本义,以后学到书面语"造访""登峰造极"的时候就容易理解了。

"颜"字,现代汉语常用义为"颜色"。《说文解字》:"颜,眉目之间也。从页,彦声。"(颜,意思是两眉之间。"页"表示字义,"彦"表示读音。)"颜"的本义是前额,泛指面容,《诗经·郑风·有女同车》:"有女同车,颜如舜华。"(有个女的和我同车,容貌像木槿花一样。)知道了"颜"的本义,就会明白书面语"容颜""红颜薄命"的意思。

"企"字,现代汉语常用义为"企业"。"企"字甲骨文写作 ,像一个人踮起脚跟。《说文解字》:"企,举踵也。"(企,意思是踮起脚跟。)"企"的本义是踮着脚在盼望。《汉书·高帝纪》:"吏卒皆山东之人,日夜企而望归。"(士兵都是崤山以东的人,日夜踮着脚盼望着回家。)知道了"企"的本义,就会明白书面语"企望""企足而待"的意思。

再如前面讲的"快""慢"二字,知道了"快""慢"的本义是心理活动,那么"大快人心"和"傲慢无理"也就好理解了。还有"兵"字,知道了"兵"的本义是兵器,那么"兵不血刃"也就好理解了。

本章小结

中国历史悠久,地域辽阔,人口众多,古代交通不发达,三千多年来人们在不同的时期、不同的地方,用不同的方法,为同一个字造出了不同的字体,这就是异体字。异体字数量庞大,给字典编写增加了负担,给汉语学习带来了麻烦。中国政府在推行汉字简化的同时,对异体字也做了整理。《中华人民共和国国家通用语言文字法》规定,异体字为非规范汉字,非特殊情况不允许使用。异音字包括异音异义字和异音同义字。异音异义字的产生原因主要有两种,一是词义引申,一是文字假借。异音异义字用不同的读音表示不同的意思,读音虽然复杂了,但是减少了汉字的数量。异音同义字也叫作异读字。异读字没有减少汉字数量,只是增加了读音,增加学习的负担。中国政府公布的《普通话异读词审音表》审定了839个异读字的读音,整理后减少了许多字的读音。海外汉语教学还存在异体字丛出、异音字混乱的问题,所以从事国际汉语教学的老师,特别是在海外的老师,要熟悉中国政府公布的各种规范表,要能够区分规范字和异体字,要熟悉异音字的不同读音,引导学生写规范字、读规范音。对于异义字,老师应该了解其字源,通过讲解字源帮助理解和记忆,这样还有助于汉语书面语的学习。

思考题

1. 什么是异体字?什么是异写字?
2. 为什么要整理异体字?

3. 什么异音字？什么是异读字？

4. 为什么要整理异读字？

5. 在国际汉语教学中如何解决异体字、异音字、异义字的问题？

参考书目

张书岩主编（2004）《异体字研究》，商务印书馆。

李宇明、费锦昌主编（2004）《汉字规范百家谈》，商务印书馆。

苏培成（2001）《二十世纪的现代汉字研究》，书海出版社。

苏培成选编（2001）《现代汉字学参考资料》，北京大学出版社。

高更生（2006）《现行汉字规范问题》，商务印书馆。

第十章

汉字的错认、错读、错写、错打与汉字教学

第十章 汉字的错认、错读、错写、错打与汉字教学

第一节 错认、错读、错写、错打概述

古今中外，无论什么人，无论什么文字，只要读书写字就免不了认错、读错和写错。王凤阳（1989）说："世界上的各种文字都会出现错别字，而方块汉字是各种文字当中出错率最高的。"[①]本书一开始就说到，在国际汉语教学中，相对于语音、语法来说，汉字是最费力的，原因之一就是汉字在学习过程中常常会被认错、读错、写错和打错。下面我们就来讨论汉字错认、错读、错写和错打的问题。

一、错认

错认主要是因为许多汉字形体非常接近，读书时稍不注意就会认错，看下面这几组字：

人—入、土—士、干—千、干—于、日—曰、未—末

这几组字笔画数一样，字形也大致相同，只是有的字左边的撇长一些，有的右边的捺长一些；有的字上面的横长一些，有的字上面的横短一些；有的字上面是横，有的上面是撇；有的字中间是竖，有的中间是竖钩；有的字高一些，有的字扁一些。每一组的差别只有一点点。再看另外几组字：

要—耍、祟—崇、营—莒、春—舂、撒—撒、梁—粱、赢—羸

这几组字的构字部件略有不同，但字形非常相似，例如："要"和"耍"，上面都是"一"，下面都是"女"。又如："祟"和"崇"，

[①] 王凤阳（1989）《汉字学》887页，吉林文史出版社。

上面都是"山",下面都是"小"。再如:"萱"和"萱",上面都是"艹",下面都是"口",这些字如果不仔细看就会认错,特别是母语使用字母文字的外国学习者。

二、错读

错读有几种情况,下面一一说明。

1. 错认造成错读

一般来说,错认就会造成错读,上面所举错认的例子大部分都会造成错读。但是也有一种情况是错认未必造成错读,例如"梁—粱、赢—嬴",这两组字形体不同,意思不同,但是读音一样,所以即便错认也不会读错。读音一样是因为它们是同一个声旁,同类的还有"练—炼、奕—弈、缎—锻"等。

2. 猜读造成错读

猜读是说这个字没有错认,知道是什么意思,但是不知道它的读音,于是就用字形相似的字的读音去读它,例如:不知道"如火如荼"的"荼"的读音,但是知道和"荼"字相似的"茶"的读音,于是就读作"chá";不知道"病入膏肓"的"肓"的读音,但是知道和"肓"字相似的"盲"的读音,于是就读作"máng"。很多人会把"拨冗前来"的"冗rǒng"读作"chén",魏公(1972)说,是因为"见到'冗'字而想到'沉',读'冗'为'沉'"。①这样的例子还有"命途多舛"的"舛chuǎn"字,不知道读音的人多读作"桀"。

猜读是因为汉字中确实有一些形近的字读音一样,例如前面讲的"梁—粱、赢—嬴、练—炼、奕—弈、缎—锻",还有"扎—札、

---

① 魏公(1972)《容易读错的字》2页,北京人民出版社。

班—斑、辩—辨—辫"等，于是人们就用这个方法去读一些不知道读音的字。

3. 读半边字造成错读

读半边字就是用字的偏旁音来读这个字。例如：把"笨拙"的"拙"读作"chū"，把"绚丽"的"绚"读作"xún"，把"哺育"的"哺"读作"fǔ"，把"酗酒"的"酗"读作"xiōng"，把"吮吸"的"吮"读作"yǔn"，把"千里迢迢"的"迢迢"读作"zhāozhāo"。

读半边字其实是一种比较有效的学习汉字读音的方法，前面第三章讲声符表音的问题时，我们列举了"湖、糊、煳、蝴、葫、瑚、醐、猢、鹕"等声旁和字音完全相同的字，第七章也列举了"凰、蝗、惶、徨、煌"和"糖、塘、搪、溏、瑭"等声旁和字音完全相同的字。在第七章我们还说到，7000个通用字里面的6110个形声结构中，不考虑声调，声旁能够准确表示字音的有3402字次，占形声结构总数的55.68%。

一般来说，中国人读半边字读错的多是非常用字，但是外国学习者认识的字少，所以一些常用字也出现这样的错误，例如：把"拍手"的"拍"读作"bái"，把"傍晚"的"傍"读作"páng"，把"遗憾"的"憾"读作"gǎn"等。

4. 异音字造成错读

前面讲异音字时说过，一些字有不同的读音，如果不知道什么词该读什么音，就会错读。例如：把"快乐"读作"快yuè"，或者把"音乐"读作"音lè"；把"银行"读作"银xíng"，或者把"自行车"读作"自háng车"；把"教书"读作"jiào书"，或者把"教室"读作"jiāo室"；把"长大"读作"cháng大"，或者把"长短"读作"zhǎng短"。这种错误外国学习者经常会犯，他们常常是用先学的音读后学的词,或者用常用的音读不常用的词,例如:"还是"先学,于是把"还书"错读成"hái书";"好看"先学,就会把"爱好"读作"爱hǎo"。很少有人把"还是"读作"huán是",也没有把"好看"读作"hào看"的。

三、错写

错写最大的原因是粗心,无论中国人还是外国人都会犯这样的错误,例如:把"千"字上面的撇写成横,"千"错写成了"干";把"未"字上面的短横写长了,"未"错写成了"末";"于"下面忘记了钩,"于"错写成了"干"。类似的还有把"天"写成"夭",把"己"写成"已"、把"人"写成"入"、把"戍"写成"戌"等。

还有的是不小心写成了形体相近的偏旁或者部件,例如:把"枪"的偏旁"仓"错写成"仑",把"励"的偏旁"厉"错写成"历",把"恭""慕"的"小"错写成"小"或者"水",把"究"的"九"错写成"力"等。

除了粗心以外,人们也发现了一些容易造成错写的原因:

1. 受偏旁的影响

例如:写"样"字时,受"木"字旁的影响,把"羊"字中间一竖写出了头;写"功"字时,受"工"的影响,把"力"写成了"刀",也有反过来,把"功"字的"工"写成了"土"。

2. 受形体相近字的影响

例如:"步"字下面多写一"、",这是受到"沙、省"的影响;"纸"字下面多写一"点",是受到"低、底"的影响;"范"字下面写成了"巳",是受到"包、巷"的影响;"烹"字中间写成了"子",是受到"享、字"的影响;"直"字中间写成了两横,是受到

"其、且"的影响；等等。①

3. 受双音词中另外一个字的影响

这种情况分两种，一种是改换字的偏旁，例如："模糊"的"模"受"糊"的影响写成了"糢"，"清晰"的"晰"受"清"的影响写成了"淅"，"妄想"的"妄"受"想"的影响写成了"忘"，"狭隘"的"隘"受"狭"的影响写成了"猺"，"结婚"的"婚"受"结"的影响写成了"缩"，"担忧"的"忧"受"担"的影响写成了"扰"。

另一种是添加字的偏旁，例如："苹果"的"果"受"苹"的影响写成了"菓"，"笤帚"的"帚"受"笤"的影响写成了"箒"，"安排"的"安"受"排"的影响写成了"按"，"洗刷"的"刷"受"洗"的影响写成了"涮"，"韭菜"的"韭"受"菜"的影响写成了"韮"。

受双音词中另一字影响而加偏旁的情况古代就有，清人俞樾在《古书疑义举例》八十"字因上下相涉而加偏旁例"中说："字有本无偏旁，因与上下字相涉而误加者。如《诗·关雎》篇'展转反侧'，展字涉下'转'字而加'车'旁；《采薇》篇'玁允之故'，允字涉上'玁'字而加'犬'旁。"

《说文解字》没有"辗""狁"二字，证明俞樾所言不谬。"展"字有"尸"字旁，表示与人体有关，张舜徽《说文解字约注》："展字之从尸，犹从人耳。其本义自谓之偃卧展转也……本谓转卧，因引申为凡转之称。经传作辗，乃后起增偏旁字。"

4. 受同类字的影响

有些字写错了是受到同类字偏旁的影响，添加相同的偏旁造成的。这种例子在现实生活中很多，例如：与"包子"同类的"饺子、饼子、

---

① 邵汶东（1984）《汉字今昔》110—114页，上海教育出版社。

馒头、米饭"等字都有"饣"旁，因此有人就认为"包子"的"包"也应该有"饣"旁，于是写成了"饱子"。李荣（1980）说："北京公共食堂的菜牌上有时把包子写作'饱子'，有人看了发笑。最近我看到广州味精食品厂出的双桥牌发酵粉，塑料袋上印的说明就把'面包、包点'的'包'写作'饱'。地不分南北，'包'字加食字旁的心理过程也是一样的。"①

刚才说了，"苹果"的"果"受双音词内"苹"字的影响添加了"艹"，写作"菓"，这是一种情况。还有一种情况是，"水果"的"果"也写作"菓"，这则是受到同类字"菠萝、葡萄、草莓、香蕉、荔枝"等的影响，有人认为"水果"的"果"也应该有"艹"，于是就写成了"水菓"。同样，"攀登"的"登"，因为受到同类字"跳跃、踩踏、跟踪"等的影响，有人认为也应该有"足"字旁，于是就写成了"攀蹬"。

还有的是两种因素的影响都有，例如：把"跋涉"写作"跋跺"，《容易写错的字》里说："推想起来，认为走路自然得用脚，而且'跋'字已经是'足'旁，于是改'涉'为'跺'。"②

在国际汉语的汉字教学中，外国学生除了犯和中国人一样的错误外，还出现了一些中国人不大犯的错误。施正宇（1999）列出的错字有一些是很奇怪的，例如：把"漂"字右下角的"示"写成"女"，把"奶"字的"女"字旁写成"牛"，把"谁"字的"讠"写成"亻"，还有在"水"字的左边加"氵"的。③

还有一些字很多学生都会写错，每年都有学生写错，错的部位和方式也都一样，下面我们来看几个例子。

---

① 李荣（1980）汉字演变的几个问题，《中国语文》第 1 期。
② 北京师范学院中文系编写组（1972）《容易写错的字》7 页，北京人民出版社。
③ 施正宇（1999）外国留学生形符书写偏误分析，《北京大学学报》（哲学社会科学版）第 4 期。

第十章 汉字的错认、错读、错写、错打与汉字教学

（1）把"试"和"武"右边的"弋"写成"戈"，把"买"上面的"乛"写成"㇇"，把"感"里面的"一"写在"口"的下面。这些错误主要是先入为主造成的，先学的字印象深，在写后学的字时就受到了先学的字的影响。

先学了"我""找"等字，对这些字的"戈"旁印象深，再写后学的"试""武"等字时，就会习惯地加一笔，把"弋"写作"戈"。其实，"武"字右边原本就是"戈"字旁，"武"甲骨文写作 ，上边是"戈"；下面是"止"（脚），表示扛着武器示威的意思。小篆写作 ，隶书把"戈"字下面的撇笔改为长横，把上面的长横缩短并且左移，脱离原先相交的弯勾，写成了 ，结果"戈"旁变成了"弋"旁。

先学了"写"字，对"写"的"㇇"旁印象深，再写后学的"买"字时，就习惯地加一笔，把"乛"写作"㇇"。

先学了"或"字，对"或"字"口"在"一"上的印象深，再写后学的"感"字时，就会把"口"写在"一"的上面。

先学了"化"字，再写后学的"代"字时，习惯性地把右边"弋"的横写成撇，结果把"代"写成加了"丶"的"化"字。

有意思的是，先学的字不大受后学的字的影响，例如："我"是先学的，很少有学生把"我"的"戈"旁写成"弋"旁；"写"是先学的，也很少有人把"写"的"㇇"写成"乛"。

（2）把"那"字左边的"⺕"写成"月"，这是因为"月"以及"月"字旁的"有、期、朋、能"等是常用字，"月"的使用频率高，所以写"那"字的时候，就容易把左偏旁的"⺕"写成了"月"。

还有把"你"字的"亻"写成了"㇇"，这是受"写、军"以及形体相近的"字、家、安、宝"等的影响，"㇇"的使用频率高。

使用频率高的字不大受使用频率低的字影响，几乎没有人把"月"写成"⺕"，尤其是做部件的时候；也很少有人把"写、军"的"㇇"

写成"々"。

四、错打

错打是国际汉语汉字教学中近些年来出现的一个新问题,当电脑和手机普及后,许多学习汉语的学生开始用电脑做作业、写文章。还有一些汉语教材设计的就是让学生在电脑上做作业。这样一来,用电脑打汉字的年级越来越低,打字的学生越来越多。以前要用手写的作业,现在除了写字练习外,都用键盘取代了。

电脑和手机打字,国内有五笔输入法、拼音输入法和手写输入法,而海外一般只用拼音输入。拼音输入造成的错打都是同音(不计声调)错字,也就是"别字"。

"错打"一般和前面讲的"错认"一样,都是由于形近而错,例如:把"候"打为"侯",把"扎"打为"札",把"练"打为"炼",把"稍"打为"梢"或者"捎"。只不过错打的范围小一些,因为是拼音输入,所以只在同音字(不计声调)的范围内,例如:"赢"可能错打成"嬴",但是不会错打成"羸"。

第二节　汉字教学中的错认、错读、错写、错打问题及应对方法

在国际汉语汉字教学中,要让学生尽量避免汉字的错认、错读、错写、错打,从一开始就要给学生讲清楚,汉字字数多、结构复杂,许多字形非常相近,学习汉字一定要认真,否则容易出错。

对于错认,只有一个办法,就是读书时要仔细,遇到笔画、部件有细微差别的字,无论是笔画简单的"土—士""己—已",还是笔画复

杂的"梁—梁""赢—赢",只要不确定是否认识这个字,就应该要去查字典。

对于错读,首先是读书的时候要仔细,不要认错,认错就可能会读错。在遇到形体相近的字时不要轻易去猜读,不要随便联想,不要因为"茶"与"荼"形体相近就读作"茶",也不要因为"肓"与"盲"形体相近就读作"盲"。

关于读半边字,一定要谨慎,一方面尽量利用声旁的表音功能帮助学习,一方面要勤查字典,加强记忆。我们在前面第七章讲过,若是能给学生讲一下最简单的语音变化知识和变化规律,让学生记住一些同声旁不同读音的最常用字,可以减少错读的可能性,例如"反"字旁的"饭"和"板","非"字旁的"啡"和"排","分"字旁的"粉"和"盆","者"字旁的"猪"和"都","尚"字旁的"裳"和"堂"等。

关于异音字,如果不能确定读哪一个音,就要去查字典。如果老师能给学生讲解字源,分析词义,就可以减少一些错读。例如:前面讲的"乐"字,最早的字形像一个乐器,所以与乐器有关的"音乐、乐谱、乐队、奏乐"的"乐"都读"yuè";因为音乐可以使人快乐,所以与快乐有关的"欢乐、乐趣、乐意、乐园"的"乐"都读"lè"。明白了"乐"字读音的来龙去脉,学生在读到"有朋自远方来,不亦乐乎"的时候就不读错了。

对于错写,认真当然也是第一要素,要告诉学生,写汉字时切记不可潦草,每一个字的笔画长度、弯度都必须到位;笔画之间、部件之间距离必须合适,否则不只是字写出来不好看,还可能写成错字,或者写成别的字。这里我们再举两组字。

一"丿"一"乀"连在一起,左边的"丿"长一些,是"人"字;右边的"乀"长一些,是"入"字;"丿"和"乀"分开,是"八"字;"丿"和"乀"交叉,是"乂"字。再如"田"字,中间的

"丨"向上伸出去，是"由"字；向下伸出去，是"甲"字；上下同时伸出去，是"申"字。而中间的"一"无论向左、向右或同时向两边伸出去，都是错字。

对于一些多部件组成的无理据的字，可以让学生通过部件记住字形，但是一定要让学生按照笔顺规则去写。

还要告诉学生，写字的时候注意不要受其他字的影响，不要随便添加和减少笔画、部件和偏旁。对于带有普遍性的错字，老师讲解的时候可以做一些对比，多一些强调。例如：对比"月"字，提醒"那"的左边是"肀"不是"月"；对比"写"字，说明"买"字上面不是"冖"；对比"或"字，记住"感"字里面的"一"在"口"上面。

我们这里只是简略地介绍了一些常见的错写的字例，非汉字文化圈的学生错写的还有很多。范可育（1993）搜集了外国学生书写错误的大量材料，把外国学生书写汉字的错误概括为八类：（1）笔形错误，（2）笔画增减错误，（3）笔画配合错误，（4）部件增减错误，（5）部件更换错误，（6）部件配合错误，（7）笔画和部件综合错误，（8）写别字。[①]

对于错打，跟避免错认一样，学生要仔细辨认同音的形近字的笔画或部件，记住像"候—侯、弟—第、风—凤、练—炼、恰—洽、历—厉"这些字的细微差别。此外，老师可以通过讲解一些字的字源，分析一些字的偏旁，帮助学生提高分辨能力，避免打错字。这种做法也适用于防止认错和写错。下面是几组可以讲解的字。

"扎—札"，"扎"有"扌"旁，表示跟手的动作有关系，用于"扎针、扎手"等；"札"有"木"旁，跟木头有关系，"札"是古代写字用的小而薄的木片，就像前面讲过的竹简，所以又转指书信，用于

[①] 范可育（1993）从外国学生书写汉字的错误看汉字字形特点和汉字教学，《语文建设》第4期。

第十章　汉字的错认、错读、错写、错打与汉字教学

"书札、信札、手札"等。

"笨—苯"，"笨"字前面讲假借字时讲过了，本义是竹膜，借作愚笨之义；"苯"字，原本是草丛生，后假借为化学用字。

"班—斑"，"班"字，意思是以刀分玉。《说文解字》："班，分瑞玉。从珏，从刀。"瑞玉是古代用作凭证的玉制信物，一分为二，双方各执一半。现在我们所说的"班级"的"班"即源于此义。"斑"原本写作"辬"，《说文解字》："辬，驳文也。从文，辡声。""驳文"即斑驳的花纹。段玉裁注："斑者，辬之俗，今乃斑行而辬廢矣。"（斑，是"辬"的俗字，现在"斑"字通行而"辬"字废止了。）

"辩—辨—辫"，"辩"字，中间是"讠"，跟说话有关，用于"辩论、辩解"等；"辨"字，中间是"刂"，跟判别有关，用于"分辨、辨别"等；"辫"字，中间是"纟"，跟交织、编结有关，用于"辫子、发辫"等。

这一类字还有"玲—铃、梁—粱、桨—浆、暑—署、桶—捅、爆—曝、壁—璧、即—既、棵—颗、萤—荧—莹"等。

施正宇（1999）分析外国学生写错字的情况时曾经指出："学生未能明了汉字据义构形的造字意图以及形符的意义类属，如表1第1—3例（笔者按：1—3例，即：明天的'明'，昨天的'昨'，春暖花开的'春'）中'日'表示与时间、季节有关，学生不明了此义，而用表示眼睛的形近的'目'代替。"[①]

因此教学中对于可以讲解的字要尽可能地做理据性讲解，但是对于难以讲解的字，像前面列举的"候—侯、弟—第、风—凤、练—炼、恰—洽、历—厉"等，则不宜做字源和偏旁讲解。这些字讲起来费时费力，学生也未必能记得住，事倍功半，只要让学生记住偏旁、部件的不

[①] 施正宇（1999）外国留学生形符书写偏误分析，《北京大学学报》（哲学社会科学版）第4期。

同就行了。

最后要说的是,学习汉字的初期一定要多写字。在第一章我们就讨论过,"只认不写"不可以,初级阶段"多打少写"也不可以,"听、说、读、打、写"的做法应该放在中级以后。也说了,中国学童十遍百遍地抄写汉字的方法能够延续下来,必定有它的合理之处。汉字只有手写了,写多了,才会有深刻的印象,才会记住形近字的细微差别,才能不认错,不写错,不打错。

本章小结

对于非汉字文化圈的学生来说,汉字是汉语学习的最大障碍。汉字数量繁多,形体复杂,很多字的形体非常接近,一不小心就会错认、错读、错写和错打。要避免出现错误,就要认真仔细,要注意形近字之间的细微差别,遇到没有把握的字,不管是认读还是书写都要去查字典。现代汉字形声字占80%以上,形声字声旁能够准确表音的概率是56%,学习者一方面要充分利用声旁学习汉字读音,另一方面也要注意不要错读了半边字。汉字书写是最难的部分,除了写字时要认真仔细、笔画和部件都要到位以外,还要注意不要受形近字、同一词里的字、同类字的影响而随意添加或减少笔画、部件和偏旁。老师对于可以分析字源和偏旁义的字要尽量给出理据性讲解,让学生通过理解来减少错认、错读、错写和错打。

思考题

1. 汉字错认、错读、错写的主要原因是什么?
2. 避免错认应该注意什么?

3. 造成错读有哪几种原因?

4. 什么是"读半边字"?为什么读半边字要谨慎?

5. 为什么了解字源和偏旁义可以避免错认、错读、错写和错打?

参考书目

张瑞(2004)《语言文字应用手册》,四川辞书出版社。

李荣(1987)《文字问题》,商务印书馆。

高更生等(1982)《汉字知识》,山东教育出版社。

宋业瑾、贾娇燕(2003)《实用汉字》,安徽教育出版社。

邓志瑗(2008)《中国文字学简说》,江西人民出版社。

第十一章

现代汉字与汉字教学

第一节 现代汉字概述

一、现代汉字的形与义

现代汉字是现代汉语用字,是我们现在使用的楷书。现代汉字的形体是由横、竖、点、提、撇、捺、钩、折等笔画组成的,与随体诘诎、画成其物的甲骨文等古文字相差甚远,很多字看不出原先的造字意图,例如:

甲骨文的 ☐(见)画作一个人睁大眼睛在看的形状,楷书的"见"看不出一个人睁大眼睛在看的样子。

甲骨文的 ☐(步)像两只脚一前一后在行走的形状,楷书的"步"看不出行走的样子。

甲骨文的 ☐(死)像一个人跪拜在朽骨之旁,楷书的"死"看不出人跪拜在朽骨旁边的样子。

甲骨文的 ☐(走),像跑步的人双臂摆动,西周铜器铭文增加 ☐(止),突出跑动义,写作 ☐;楷书的"走"看不出人在跑步。

西周铜器铭文的 ☐(奔)像人摆动双臂的样子,下面三只脚表示快速奔跑;楷书的"奔"看不出人在快速奔跑。

从字义方面来讲,绝大多数的现代汉字是古汉字延续下来的,所以许多字通用于古代汉语和现代汉语,但是很多用于现代汉语的现代汉字不表达古汉语词义,例如:

"除"字,现代汉语常用义是"去掉"和"不计算在内",在古汉语中它的本义是"台阶"。"除"字作为现代汉字不再表示"台阶"这个含义,现代汉语不会把"下台阶"说成"下除"。"除"的"台阶"义只保留在古汉语遗存下来的成语"洒扫庭除"中。

"题"字,现代汉语常用义是"题目",在古汉语中它的本义是"额头"。《说文解字》:"题,额也。从页,是声。""额"就是头的前额。《韩非子·解老》:"是黑牛也而白题。"(这是一头黑牛但额头是白的。)"题"作为现代汉字不再表示"前额"这个含义,没有人把"前额"说成"前题",不过文章的"标题"一语当是由"额头"义引申来的。王宁(1995)说:"'题'与'顶''颠''天'同源,都指动物、人最高最前的地方,'题'引申为文题,可以知道文章的题是先文而有之的。"①

"羞"字,现代汉语常用义是"感到耻辱、难为情",在古汉语中它的本义是"进献美味"。《说文解字》:"羞,进献也。从羊。羊,所进也。""羊"是美味的食物,"羞"就是进献美味的食物。《左传·隐公三年》:"可荐于鬼神,可羞于王公。"(可以供奉鬼神,可以献给王公。)现代汉语中"羞"不再表示进献美味的意思。

还有些古代用的字现代汉语不再使用,如"扶辇下除"的"辇",义为"古代用人拉的车,后来多指皇帝、皇后坐的车"。

二、现代汉字"新六书"说

与古文字相比,现代汉字的形体发生了很大的变化,字义也有很多不同。对此,苏培成(2014)提出了"新六书"说。他说:"现代汉字从内部结构说,是由意符、音符和记号构成的。这三类字符搭配使用,构成了现代汉字的六种类型。为了和传统六书相联系,我们叫作现代汉字的新六书。"新六书是:一、独体表意字,二、会意字,三、形声字,四、半意符半记号字,五、半音符半记号字,六、记号字。下面的

---

① 王宁(1995)汉语词源的探求与阐释,《中国社会科学》第2期。

论述依据苏培成（2014）。①

独体表意字是由一个意符构成的。它主要有两个来源，一个是古代象形字，一个是古代指事字。古代象形字和古代指事字中，字形没有经过讹变，古今字形的联系比较明显的，属于独体表意字。例如"人、目、山、瓜、户"和"一、刃、本、末、甘"等。

会意字是由两个或两个以上的意符构成的，例如"从、伐、库、删、林"等。也包括简化字的会意字，例如"宝、笔、尘、泪、灭"等。

形声字是由意符和音符构成的。其中的意符表示字义的类别，音符表示字的读音。例如"懊、疤、枫、俘、洲"等。也包括简化字的形声字，例如"肤、护、态、钟、桩"等。

半意符半记号字是由意符和记号构成的。这类字中有不少本来是古代的形声字，由于音符变形，或是音符不能准确表音，变成了记号，而字义古今没有很大的变化，就变成了半意符半记号字。例如"布、缸、急、刻、蛇"等。也包括由于汉字简化，使得音符不再表音的字，例如"灿、鸡、灯、炉"等。还包括由古代象形字变化而成，一半是意符，一半是记号的字，例如"栗、泉、桑"等。

半音符半记号字由音符和记号构成。这一类主要来自古代的形声字，音符还能表音，意符因为不能表意而变为记号。例如"球、荀、笨、纪、华"等。

记号字有的是独体字，有的是合体字。独体记号字由一个记号构成，主要来自古代的象形字。由于形体的演变，古代的许多象形字已经不再象形，例如"日、月、水、手、木"等。有些独体记号字属于古代的假借字，这样的字经溯源也不能说明字形和字义的关系，例如"我、方、而"等。有些合体字经简化后成为独体记号字，例如"乐、龙、

---

① 苏培成（2014）《现代汉字学纲要》（第3版）103—111页，商务印书馆。

门、书、专"等。合体记号字由两个或两个以上的记号构成，这类字有些来自古代象形字，经过变化不再象形，成为合体记号字，例如"鼎、龟、舜、蜀"等；有些来自古代的形声字，当这些字的意符和音符都失去作用，就成为合体记号字，例如"骗、特、氅"等，其中有的是简化字，例如"听、头、杂"等；有的来自古代的会意字，例如"射、至"等。

苏培成的"新六书"对现代汉字的构成理据做了详细划分，为汉字教学特别是国际汉语的汉字教学提供了依据。

第二节　现代汉字在汉字教学中的问题及应对方法

现代汉字的特点之一是有很多记号字、半记号字，对于这些理据残缺，或者没有理据的字，需要用部件来解说其组织结构，这个在前面谈"部件"时讲过了。我们这里主要讨论现代汉字教学中理据性说解和非理据性说解的问题。

一、现代汉字的理据性说解

现代汉字虽然是楷书形体，但是从"新六书"的前三书来看，许多字仍然可以用传统的方法做理据性讲解。至于已经成为半记号的字，甚至一些记号字，我们认为也应该尽量利用其字形保存的构形理据，通过溯源古文字，帮助学生理解字形字义。下面举几个例子。

"布"字，属于半意符半记号字，通过西周铜器铭文 ，小篆 ，还原其声符"父"的字形，讲解"布"的读音来源和部件"ナ"的原形。《说文解字》："布，枲织也。从巾，父声。"（布，意思是麻织品，"巾"表示织品类，"父"表示读音。）至于"布"的声符为什么是"父"，前面讲古无轻唇音的时候讲过了。"布"字用古

第十一章 现代汉字与汉字教学

文字讲解记号"艹"的来源，比只是用笔画让学生认记要有效很多。

"急"字，属于半意符半记号字。可以通过小篆 ，还原其声符"及"的字形 ，讲解"急"字的读音来源和部件"刍"的原形。"及"字像一只手抓住一个人，"刍"和"及"形体有所不同，但还是比较接近。用古文字讲解"刍"的来源，要比用部件记忆有效很多。

"泉"字，属于半意符半记号字，前面讲过，像水从泉眼涌出之形，上面的"白"原本是泉眼，从甲骨文、小篆字体中可以看出其构字原理和字形演变过程。

"寒"字，也是半意符半记号字，前面也讲过，上面的"宀"和下面的"冫（仌）"和字义关系紧密，中间的"茻"是由"茻"和"人"变化而来。"寒"字像人在室内睡在草中，房子里面有冰。用部件"茻"可以让学生死记硬背字形构成，但是讲解字义还是用古文字做理据性讲解为好。

"笨"字，属于半音符半记号字，现在的字义和"⺮"旁没有关系，如果讲清楚本义是竹膜，假借表示愚笨，不但易于理解，还可以避免错写字。"苯"本义是草丛生，上面是"艹"旁。现代汉语是化学用字，不属于常用字，教学中也不会遇到，但是学生把"笨"错写成"苯"的可能性是很大的。

"球"字，属于半音符半记号字。《说文解字》："球，玉也。"《广韵·尤韵》："球，美玉。""球"字本义是美玉，现在指圆形的立体物，多为体育运动的球类。溯源本义讲解"球"为什么是"王（玉）"字旁最为简单，而且可以系联同样有"王（玉）"字旁的"环、珠、现"等。

再如"射"字，属于半记号字。甲骨文写作 ，像箭在弓上，西周铜器铭文加 （又，表示手）写作 。因为古文字 （弓）和 （身）相似， 则常常被写作 （寸），因此手拉弓射箭的就成了"身、寸"的"射"字了。"射"这个字虽然由"弓"和"又"讹变为"身""寸",但变化不大,用古文字稍加讲解就会明白。如果不讲,学生很难把字形和字义联系起来。

还有假借的"我、而、亦、或"等字都是可以讲的,前面讲假借字时说过,讲解假借字本字也可以帮助书写和记忆。

不过,有一些字形体变化很大,例如:独体的"无、万、方、头、书、专、东",合体的"盐、买、卖、会"等。这些字如果在海外繁简共用的课堂上,可以对照着繁体字讲;若在只使用简化字的环境中就不要讲了,讲起来可能事倍功半。至于那些形体讹变,字义转移,不易讲解的字,最好不要讲,只告诉学生字的笔画、部件,让他们背下来就可以了。如"了"和"写"。

"了"字,《说文解字》:"了,尥也。从子無臂。象形。"(了,意思是行走时腿脚相交。像一个"子",但是没有手臂。象形。)"了"字的本义是走路时足胫相交,段玉裁注:"尥,行胫相交也。"后引申为结束义,如"了结"等。

"写"繁体字写作"寫",本义是移放物品。《说文解字》:"寫,置物也。从宀,舄声。"(写,意思是移放物品。"宀"表示字义,"舄"表示读音。)徐灝《说文解字注笺》:"古谓置物于屋下曰寫,故从宀,盖从他处传置于此室也。"(古代把物品放在房子下面叫作"寫",所以从"宀",大概是从别处移放到这个房子里的。)"写"本义是移放物品,"将他处的文字抄过来也是一种移放。故又引申指抄录"。①《汉书·艺文志》:"建藏书之策,置写书之官。"(建制藏书的策略,任命抄书的官职。)草书楷化把"舄"简化为"与",把"宀"简化为"冖"。前面说了,草书楷化的简化字,通过和草书对比可以帮助理解和记忆,但是最终要记住字形结构,还是要利用部件和笔画。

---

① 谷衍奎(2008)《汉字源流字典》197页,语文出版社。

需要注意的是，不做字源讲解的字，老师也需要知道其构成理据，如果学生问起来，可以给出正确的回答，而不是随意地望文说义。

还有一个问题，如果字源有异说的，要从学生的角度考虑，选用学生容易明白而且比较合适的说法，例如：

"年"字，甲骨文写作 ，一说像人负禾之形；一说从禾，千声。我们会用前一种说法，告诉学生"年"字上面是"禾"，下面是"人"，像一个人背着粮食回家。这比"从禾，千声"要多一些趣味性，有真实感，况且"千"字并不能准确表音。

"好"字，一说是女子貌美，①一说是"女"大"子"小，意思是女子有孩子；②一说是男女相好。③虽然最后一种说法理据性最弱，但是学生喜欢。

"且"字，讲"祖"字的时候会说到"且"。"且"字甲骨文写作 ，一说是雄性生殖器，一说是祭祀祖先的牌位，选择后一种说法较合适。

"笑""哭"二字，学生问得最多，但形和义的说解至今没有定论，我们选择"未知其审"但"稍近情理"的一种说法。

"笑"字，从竹，从夭。意思是竹子被风吹弯了腰，像人在笑。④

"哭"字，本指犬的哀号，所以有"犬"字旁。大凡动物哀号，没有哪一个能像犬嗥那么凄厉；犬的嗥叫声特别凄绝喧闹，所以有两个

---

① 《说文解字》："好，美也。"段玉裁注："好，本谓女子。引伸为凡美之称。"
② 刘志基（1995）《汉字与古代人生风俗》24页，华东师范大学出版社。
③ 孙云鹤（1986）《常用汉字详解字典》361页，福建人民出版社。
④ 《说文解字》新附："此字本阙，臣铉等案：孙愐《唐韵》引《说文》云'喜也，从竹，从犬'，而不述其义。今俗皆从犬。又案：李阳冰刊定《说文》'从竹，从夭'，义云：'竹得风，其体夭屈如人之笑。'未知其审。"

"口"。后来转指人的哭泣。①

二、现代汉字非理据性说解

讲解构字理据，可以帮助理解记忆，提高学生兴趣，活跃课堂气氛，但不是每一个字都可以讲，都容易讲。于是一些老师在遇到难讲的字或者讲不了的字时，就采用一种简便的方法——望文说义，依照自己的想象，随意地分解字形、说解字义，这在国际汉语教学界已经存在很多年了。

例如：把"城"说成是用泥'土'堆积而'成'的。②把"枯"字讲成"古树"，把"饿"字讲成"我要吃"，把"鹅"字讲成"我的鸟"，把"悲"字讲成"心里像是长了韭菜"。③还有人说，"出"是翻过一山又一山，"宿"是房子里有一百人，"温"是太阳把盆子里的水晒热了，"裕"是有衣穿有饭吃。④这种解释汉字的方法有人称作"俗文字学"。

"俗文字学"随意编造假理据的做法一直受到学界的批评，苏培成（2014）说："还必须指出，对汉字不论是进行现状分析还是溯源分析，都必须以事实为根据，不允许以空想代替事实，任意编造。近些年来，在识字教学中任意曲解汉字构字理据的'新办法'层出不穷……这种违反科学的坏作风，应该受到批评。"⑤

---

① 季旭昇（2010）《说文新证》"哭"字下说："杜忠诰从段注，以为凡动物之哀号，未有如犬嗥之凄厉者，故从'犬'以构形。又，犬之嗥，其声凄绝喧闹，故从二'口'会意。其后，遂移以专指'人'情之哭。虽亦无确证，然似稍近情理。"见《说文新证》上册95页，艺文印书馆。

② 见安子介（1990）《解开汉字之谜》115页，香港瑞福有限公司。

③ 见苏培成（2014）《现代汉字学纲要》（第3版）115页，商务印书馆。

④ 见邹燕平（2000）汉字教学中要不要作字形分析及如何分析，《首都师范大学学报》（社会科学版）增刊（上）。

⑤ 苏培成（2014）《现代汉字学纲要》（第3版）115页，商务印书馆。

李大遂（2011）说："应用型俗文字学致命的弊病就是无中生有，随意说解，这一派的初衷是追求趣味和轻松，泛滥的后果是汉字说解失去原则，失去理性，最终难免贻误学习者。在国内小学语文教学和对外汉语教学领域，主张用俗文字学方法说解汉字者不乏其人。因其说解有违常识，在学术上经不住推敲，为严肃学者所不取。"①

俗文字学之所以受到批评，为严肃学者所不取，是因为它的解说违反科学，误导学生，扰乱汉字的理据性教学。我们知道，汉字同一偏旁的字很多，如果一个字随心所欲地说解，可能会影响同偏旁的其他字。例如：把"温"说成是太阳把盆子里的水晒热了，那么"瘟、愠"字怎么讲解？难道说是太阳把盆子晒病了？晒生气了？把"裕"字说成是有衣穿有饭吃，那么"浴、俗、欲"又怎么讲呢？李大遂（2011）说，这样的"结果是教人学会一个字却乱了很多字的理据"。②

这种望文生义的讲解不仅出现在老师课堂的随意说解上，还出现在汉字课本和汉字著作中。季旭昇（2017）说："中文在二十世纪后期开始成为世界流行的重要语文，全世界学习中文的人口越来越多，各种望文生义或不太可靠的中文学习书籍蜂拥而出，有不少乍看很有趣，其实是信口开河，胡乱拆解的，两千年前许慎在《说文解字·叙》中说的，狠曰：'马头人为长'、'人持十为斗'、'虫者屈中也'等的谬解，同样也屡屡见于今人的华语汉字教学著作中，例如有人说'饿'就是'我要吃'、'皇'就是'大王不好当，头发都白了'、'妇'就是'妇女力大推山倒'，初看倒也形义相合，但学习到一定程度之后，这种认识对中文学习会带来很多误导，其结果是无益而有害的。"③

不科学的望文说字，虽然一直被诟病，但几十年来也一直持续着，

---

① 李大遂（2011）汉字理据的认识、利用与维护，《华文教学与研究》第2期。
② 同上。
③ 季旭昇（2017）《超译汉字——珍藏在珠光宝盒中的文字》序，陈嘉凌《超译汉字——珍藏在珠光宝盒中的文字》，五南图书出版公司。

汉字与汉字教学

特别是在海外的汉语课堂上。究其原因，一是有需求，外国学生希望知道和需要知道每个字的故事；二是海外的汉语教师多缺乏汉字学方面的知识；三是坊间缺少适合现代汉字教学的汉语教材；四是现代汉字中确实有一些难以讲解的字。

在外国学生的印象中，汉字都是有说头的，许多学校的中文项目在介绍中文课的宣传页上或卡通片里，都喜欢用汉字说事。最常见的是，在"日"字旁边画一个太阳，在"月"字旁边画一个弯月，在"明"字旁边画上太阳和月亮；在"女"字旁边画一个女人，在"子"字旁边画一个小孩，在"好"字旁边画上女人和孩子。这样一来，有故事的汉字和汉字有故事给学生留下了很深的印象，等到了开始学习的时候，自然就期待着每个汉字都一个有趣的讲解，同时也希望这种讲解能帮助自己学习汉字。

可是真正开始学习以后，发现并不全是那回事儿，许多汉字的解说不那么有趣，而且也不那么简单，甚至根本无法讲解。例如：开学第一课就学到"很好"二字，"好"字在介绍中文课的宣传页上已经看到了，女人有孩子就是"好"，见字就能知义；但是"很"字就麻烦了，这个字讲解起来有相当的难度，而且讲了对学生只能是增加困惑，感到压力。

"很"小篆写作 ，《说文解字》："很，不听从也。一曰行难也。一曰戾也。从彳，皀声。"（很，意思是不听从。另一个意思是行路难。又一个意思是违逆乖戾。"彳"表示字义，"皀"表示读音。）其实声旁"皀"是由"目""匕"二字组成，意思是两人怒目相视，互不相让，"很"字本义为违逆、不听从。《史记·项羽本纪》："猛如虎，很如羊，贪如狼，强不可使者，皆斩之。"（凶猛如虎，违逆如羊，性贪如狼，倔强不听指挥的，全部斩首。）《说文解字》列出"很"的三个意思，哪一个都跟"很好"一词中表示程度高的"很"没有关系。

当学生碰到许多见字不能知义、不能知音的字时，就会感到困难；当他们记不住许多字时，就会产生挫折感，最后能坚持学下去的人十分有限。这就是学汉语人数从低年级到高年级总是呈金字塔状的症结所在。

面对这种现象应该怎么办呢？我们对"望文说义"一直持否定态度，但是在美国教书时间长了，有时候看到一些老师对无法讲解的字，或者讲解起来比较绕弯子的字，或者不会讲解的字，径直地就信口开河，似乎也无可奈何。他们还说他们讲的也都是有道理的，是言之有据的。例如："话"和"活"二字。

有老师说，"话"写作"讠"和"舌"，是因为说话（言）要有舌头（舌）；"活"有"氵"字旁，是因为要生活必须有水。而且有的字典也这样说："活，由'水'和'舌'组成。'舌'字引申为吃饭的含义。整个字意思是说有水喝才能生存，由此产生生存的含义。"①

"话"原本写作"話"，《说文解字》："話，合会善言也。从言，昏声。《传》曰：'告之话言。'"（话，意思是会合美好的言辞。"言"表示字义，"昏"表示读音。《左传》说："告诉他美好的话。"）"昏"字隶变时写作"舌"，与表示舌头的"舌"形体相混。现代汉字常用字"活、刮、括"的"舌"都是"昏"隶变来的。"舌"字甲骨文写作 ，像口中伸出舌头的样子，旁边的小点是唾液。

"活"字，《说文解字》："水流声。从水，昏声。""活"本义是水流动的声音。《诗经·卫风·硕人》："河水洋洋，北流活活。"（黄河的水浩浩荡荡，北流的水哗哗作响。）

但是老师们说，他们的讲法容易，学生也听得懂。

还有"演"字，学生初次接触的是"表演"一词。"表演"的"演"为什么有"氵"旁呢？有老师说因为表演时手舞足蹈，像水波起

---

① 窦文宇、窦勇（2005）《汉字字源——当代新说文解字》330页，吉林文史出版社。

伏。老师觉得这比《说文解字》"演，长流也。从水，寅声"要有意思得多。

我们也接触过一些学得好的学生，学生说自己是给汉字编故事来帮助记忆的，尤其是老师不讲的或者讲不清楚的那些字。如此看来，望文说义也许可以帮助学生渡过汉字难关。

有什么办法能够有效地教外国人学汉字呢？除了提高汉语老师的文字学知识水平，编写适合现代汉字教学的汉语教材和汉字知识书籍以外，假理据的方法也可以吗？我们是不是可以在国际汉语教学中，对假理据的解说网开一面呢？如果可以，那一定是有条件的，其条件是：

（1）只能是记号字中难以用理据讲解的字。例如"无、万、方、风、头、书、专、东、易、代、盐、如、买、卖、会、能、襄、爵"等，以及理据原本就不明确的字，例如"也、入、于、己、已、平、乎、亏、丁、两、刘、灵、很"等。

（2）只能是在其他字中用作声旁或者无意义部件的字。例如："己"在"记、纪、忌"里面用作声旁，"平"在"苹、评、坪"里面用作声旁，"卖"在"读、渎、犊"里面是没有意义的部件。

（3）在编造非理据性的解释时不能和其他同偏旁字的偏旁义冲突。例如：如果为"很"做假理据说解，不能脱离"彳"表示行走的意思，不跟别的"彳"旁的字，例如"行、往、街、征、径"等字的说解形成抵触；至于"艮"字，在常用字中只用作声旁，例如"恨、狠、跟、根、恳"等，所以怎么说都没有太大的关系。

下面再举几个例子。

和"活"字类似的"洞"字，《说文解字》："洞，疾流也。从水，同声。""洞"的本义是水流湍急。现代的字典说，洞是物体中间的穿通的或凹入较深的部分。有老师讲：山洞里面都有水，所以有"氵"旁。

"次"字，《说文解字》："次，不前，不精也。从欠，二声。"

（次，意思是不在前列的，未经精选的。"欠"表示字义，"二"表示读音。）从字形上我们看不出许慎所说的意思，甲骨文写作 ![图]，也写作 ![图]，李孝定（1970）在"次"字条下说："盖像人口气出之形。其义不详。"① 谷衍奎（2008）说："（次）甲骨文象人张口连连打喷嚏形。"② 有的书说："整个字的意思是打了两个哈欠，由此产生第二的含义。"③ 也有的书说：甲骨文"像一个人张嘴流口水的样子，有写作一点水、两点水的，也有写作三点水、四点水的"。④ 这几种说法都保留了"欠"字张口的意思，因此不会和其他"欠"字旁表示张口意思的字冲突，所以即便这几种说法多少都有猜想的成分，也不妨选一个讲给学生。不过，用最后一种说法比较合适，因为可以和"盗"字、"羡"字的讲解相互照应。

"盗"字，甲骨文写作 ![图]，像一个人看着盘子，张着大嘴，流着涎水，一副想偷吃东西的样子。"羡"字，小篆写作 ![图]，上面是羊，下边是人张着大嘴，流着涎水，表示贪馋羊肉的美味。

"出"字，前面我们对照甲骨文讲了它的本义，又和"各"字做了对比，但是由于楷书变化太大，所以有老师就讲成"过了一山又一山"。这种讲法是比"脚在洞穴口，脚趾朝上，意思是从里面出去"要简单，而且不用印证古文字字形，不用讲解形体变化，也不会和别的"山"字旁的字冲突，所以好像没有一定不能讲的理由，何况现在的字典也把"出"字归在部首"山"下面。

我们这里说的似乎和前面讲的借助甲骨文字帮助讲解字源及形义关系的说法相矛盾，其实这也是没有办法的办法。这样说吧，理据性的知

---

① 李孝定（1970）《甲骨文字集释》2829页，"中研院"历史语言研究所。
② 谷衍奎（2008）《汉字源流字典》317页，语文出版社。
③ 窦文宇、窦勇（2005）《汉字字源——当代新说文解字》31页，吉林文史出版社。
④ 黄伟嘉、敖群（2012）《汉字部首例解》84页，商务印书馆（香港）有限公司。

识是给老师的，老师必须知道；假理据性的讲解是权宜之计，是帮学生的。当然到底要怎么教，是由老师根据学生的情况决定的。

那么，现代汉字中有多少没有理据的字呢？李大遂（2011）对HSK《汉字等级大纲》中的2906字做了文字学意义上的分类，统计出有理据的合体字2557个，包括义系半符号字和音系半符号字（即"新六书"的半意符半记号字、半音符半记号字），无理据的合体符号字98个（即合体记号字）。文章没有统计有理据的独体字有多少，只说251个独体字中可以较容易进行字形溯源的也不是太多。①

从统计数字来看，无理据的字不会很多，对于数量不多的无理据字和虽有理据但是难以讲解的字，不妨允许做合适的望文说义。所谓"合适"，是指像前面"出、次、活"之类的讲解；所谓"不合适"，是指像前面"温、裕、悲"之类的讲解。

接下来问题是，如果允许望文说义，与其任由老师各自为政，为一个字编造出不同的说法，不如由学者在考虑了各种因素之后，在保证不伤害偏旁系统性的前提下，做一个统一的假理据性解说，专用于初级阶段教学。或者叫作"国际汉语初级阶段字形假说"，或者把初级阶段的常用字的一级字做一个总的说解，有理据的按理据性讲解，无理据或难以讲清楚理据的，做合适的假理据性讲解。

其实，望文说义古已有之，唐兰说："战国末年，就当时所见错误的字形而作的杜撰的解释，渐渐地多起来，如'自营为私，背私为公'，'一贯三为王'，'推十合一为士'，'刀守井为刑'，以至于'人藏禾中为秃'等，从古文字学来看，没有一条是对的。"②

古书中这类的故事也不少。宋人罗大经《鹤林玉露》里有两段记载：

---

① 李大遂（2011）汉字理据的认识、利用与维护，《华文教学与研究》第2期。
② 唐兰（1979）《中国文字学》71页，上海古籍出版社。

寿皇问王季海曰："'聋'字何以从'龙''耳'？"对曰："《山海经》云：龙听以角，不以耳。"（寿皇问王季海："聋"字为什么从"龙""耳"二字？回答说："《山海经》上说过，龙听声音用犄角，不用耳朵。"）

世传东坡问荆公："何以谓之'波'？"曰："'波'者，水之皮。"坡曰："然则'滑'者，水之骨也？"（传说苏东坡曾经问王安石："为什么叫'波'？"回答说："'波'，就是水的皮。"苏东坡说："那么'滑'字，就是水的骨了？"）

据说已经失传的王安石《字说》里，有很多这样的穿凿附会。

许慎作为文字学家，写作《说文解字》初衷，就是要改变当时儒生所谓"马头人为长，人持十为斗，虫者屈中也"的胡乱说解文字的现象，但是他自己也有不少望文说义，如把"不"释作"鸟飞上翔不下来也"，把"至"释作"鸟飞从高下至地也"，还有前面讲过的把"为"释作"母猴"，把"昔"释作"干肉"，把"出"释作"艸木滋生"等。

本章小结

现代汉字是现代汉语用字，由笔画、部件和偏旁组成，现代汉字表达的是现代汉语语义。与古文字相比，现代汉字的形体发生了很大的变化，字义也有了很多不同，苏培成提出了"新六书"说。有的老师采用望文说义的方法讲解汉字，扰乱了汉字的理据性教学，受到学者的批评。但是现代汉字中确实有一些不表示字义、字音的记号字，无法做理据性讲解，还有些字难以做理据性讲解。为了帮助外国学生学习汉字，对于没有理据的字和有理据但是难以讲清楚的字，是否可以采用有限的望文说义的方法，值得讨论。

思考题

1. 什么是现代汉字?
2. 什么是"新六书"?
3. 什么是记号字?
4. 什么是"俗文字学"?
5. 国际汉语的汉字教学可以用望文说义的方法吗?为什么?

参考书目

苏培成(2014)《现代汉字学纲要》(第3版),商务印书馆。

苏培成(2001)《二十世纪的现代汉字研究》,书海出版社。

杨润陆(2008)《现代汉字学》,北京师范大学出版社。

潘钧(2004)《现代汉字问题研究》,云南大学出版社。

王凤阳(1989)《汉字学》,吉林文史出版社。

第十二章

汉字文化与汉字教学

第一节　汉字文化概述

汉字是世界上唯一使用了几千年仍然在使用的文字，几千年来汉字积淀了丰富的古代文化内涵。刘志基（1995）说："汉字作为一种历史悠久且具表意特点的文字，作为古人心理和思维活动的产物，其实在记录语言、传递概念的同时，也记录和传载了种种历史文化信息。"[①]

郭宝钧（1963）对甲骨文中所代表的事物做了一个统计，其中动物相关的字占17%，植物相关的字占15%，天象相关的字占9%，地理相关的字占7%，战争相关的字占8%，衣服相关的字占1.7%，居住相关的字占6%，行走相关的字占3.6%，文化相关的字占1.4%，娱乐相关的字占1.7%，宗教相关的字占3.6%，数目字和性质区别字占3.6%，关于人类序列和人身本体的字占20%以上。[②]

许慎的儿子许冲在《上说文解字表》中说，《说文解字》里的字"天地鬼神、山川草木、鸟兽昆虫、杂物奇怪、王制礼仪、世间人事，莫不毕载"。

1936年，陈寅恪读了沈兼士的《"鬼"字原始意义之初探》论文后回信说："依照今日训诂学之标准，凡解释一字即是作一部文化史。"[③]这句话用来说明汉字和文化关系一点儿都不为过。

下面我们来看几个例子。

"美"字，甲骨文写作 ，像一个人戴有羊头类的饰物，意思是美丽。从甲骨文的"美"字中，我们知道那时的人已经有了审美观念，

---

① 刘志基（1995）《汉字与古代人生风俗》2页，华东师范大学出版社。
② 郭宝钧（1963）《中国青铜器时代》241—242页，三联出版社。
③ 见沈兼士（1986）《沈兼士学术论文集》202页，中华书局。

他们把动物犄角或者羽毛穿戴在身上，认为就是美。

"鬼"字，甲骨文写作 ▨、▨，下面是跪着或者站着的"人"，上面是一个硕大的头形，当时的人对鬼有一种畏惧感，于是把"鬼"写成了可怕的大头状。《说文解字》："鬼，人所归为鬼。从人，象鬼头。"（鬼，意思是人死去为鬼，下面是人，上面像鬼头。）下面是一条甲骨文例子。

贞，亚多鬼梦，亡疾。——贞问，亚多次做了有鬼的噩梦，不会有疾病吧？（合集17448）

"神"字，甲骨文写作 ▨，像闪电的形状。由于古人缺乏科学知识，不明白闪电的道理，对闪电的光亮和声响产生恐惧与敬畏，以为是天上的神。到了西周铜器铭文加 示 写作 ▨。《说文解字》："神，天神，引出万物者也。"（神，意思是天神，是万物的创造者。）

从甲骨文的"鬼""神"二字，我们知道商代已经有了鬼神的观念，《礼记·表记》："殷人尊神，率民以事神，先鬼而后礼。"（殷人尊崇鬼神，率领百姓敬事鬼神，先敬鬼神后事礼仪。）

"祭"字，甲骨文写作 ▨、▨，像手里拿着一块肉，几个小点像滴落的肉汁，有的下面有"示"字。意思是手持祭肉，祭拜先祖，祈求庇佑。下面是甲骨文的例子。

甲戌卜，王贞：翌乙亥祭于小乙。——甲戌日占卜，王贞问：第二天乙亥日祭祀祖先小乙。（合集23132）

从甲骨文的"祭"字，我们知道商代有祭祀祖先的观念，祭品是肉类。和祭祀有关的还有"牺""牲"二字。

"牺（犧）"，《说文解字》："犧，宗庙之牲也，从牛，羲声。"意思是说"牺"是供宗庙祭祀用的纯色的牲畜。《诗经·鲁颂·閟宫》:"皇皇后帝,皇祖后稷,享以骍牺。"(伟大的后帝,始祖后稷,请享用赤色的全牛。)

"牲",甲骨文写作 ,左边是捆绑的一只羊,右边的声旁"生"表示读音。《说文解字》:"牲,牛完全。从牛,生声。"意思是说"牲"是祭祀用的完整的牛。《字汇·牛部》:"牲,祭天地宗庙之牛完全曰牲。"前面讲了,甲骨文中"牛、羊、马、鹿"等做偏旁时可以换用,所以如今流传下来的"牲"字偏旁是写作"牛"的。

"牺牲"源于上古时期的祭祀文化,本义是为祭祀而宰杀的牲畜,后来转指人为了正义舍弃自己生命或权益。

"年"字,甲骨文写作 ,像人背着粮食。我们前面举过一个甲骨文的例子,即图2-11:

癸卯卜,㱿贞,我不其受年。——癸卯日占卜,贞人㱿问,我们不会得到收成吗?(合集9710)

从甲骨文的"年"字,我们知道商代已经进入以农业生产为主的社会。

"家"字,甲骨文写作 ,像房子里有一只猪,也有两只猪的意思 ,意思是作为居家,房下养有猪。从甲骨文的"家"字,我们知道当时已经饲养家畜了,而且屋里养猪是一个家庭的标志。那时候猪是养在家里的,牛、羊、马则是圈养在外面的,甲骨文有"牢"字,写作 、 、 ,外面是围栏,围栏里面有牛、羊和马。

还有一个"弃"字,甲骨文写作 、 ,像双手执簸箕将婴儿遗弃。董作宾说:"前一个弃字是将生下来的孩子,被他父或别人用棍子打死,以两手捧着簸箕除出去。后一个弃字,是被打死的孩子身上还带着衣胞里的血浆,放在盛垃圾的簸箕里,两手捧着送出去的样子。"①李孝定（1970）说："字象纳子箕中弃之之形，古代传说中常有弃婴之记载，故制弃字象之。"②苏宝荣（1993）说："父系氏族社会形成过程中，在婚姻关系尚处混乱的情况下，为了保证家族财产继承权而形成婚后遗弃长子的风俗。"③这意思是说，母系氏族社会孩子只知其母不知其父，父系社会婚姻开始走向一夫一妻制。在父系氏族社会的形成过程中，婚姻关系仍处于混乱状态，这时候婚后的第一个孩子不一定是丈夫的，为了保证家族财产继承权，于是就出现了遗弃长子的风俗。

同类的例子有"孟"字，也跟第一个孩子有关，不过是另一种说法。"孟"商代晚期铜器铭文写作 ，像婴儿在容器中。《说文解字》："孟，长也。从子，皿声。"（孟，意思是同辈中年纪大的。"子"表示字义，"皿"表示读音。）夏渌（2009）说："'子'是深深装在'皿'中，是'皿'中盛食的表意字，不似单纯'皿声'的形声字。我国古籍记载曾存在过原始'食首子'的迷信习俗，认为头生子烹食方能保昆弟平安。'孟'古字正是剖长子于皿的表意字。引申到季节的首月，叫孟春、孟夏、孟秋、孟冬。"④《墨子·节葬》："昔者越之东有輆沭之国者，其长子生，则解而食之。谓之宜弟。"（以前越国东边有輆沭国，人们的第一个孩子出生后，把他分解吃掉，说是这样对后面的弟弟们有好处。）

前面讲过的许多字也都蕴涵着古代的文化信息，例如：甲骨文的 （酒）、 （奠）字，说明商朝的人已经酿酒了；甲骨文的

---

① 见田倩君（1964）说"弃"，《中国文字》第13册，台湾大学文学院中国文学系。
② 李孝定（1970）《甲骨文字集释》1399页，"中研院"历史语言研究所。
③ 苏宝荣（1993）文字学掇英——兼论文字的动态考释方法，《河北师范大学学报》第2期。
④ 夏渌（2009）《古文字演变趣谈》272页，文物出版社。

（磬）、▲（鼓）、▲（乐）字，说明那时候已经有乐器了；甲骨文的 ▲（为）字，说明商朝有人牵着大象去劳作；甲骨文的 ▲（监）字，说明当时人们用盆里的水照镜子；甲骨文的 ▲（册）和 ▲（典）字，说明商代已经有竹简编的书了；甲骨文的 ▲（妇）字，由 ▲（女）和 ▲（帚）组成，说明那时候女人在家里打扫卫生；甲骨文的 ▲（男）字由 田（田）和 ▲（耒）组成，说明那时候男人在田里耕作；甲骨文的 ▲（射）字，说明那时候已经有弓箭了；甲骨文的 ▲（高）、▲（京）、▲（宫）字，说明商朝已经建造高大的建筑了；商朝晚期铜器铭文的 ▲（孝）字，说明那时候已经有尊老的观念了。

几千年来，随着社会的进步，方方面面发生了很多变化。人们不和猪住在一起了，也不遗弃长子了，不用水盆照影子了，也不再在竹简上写字了。但是许多当年画成其物、以形表义的汉字却保留着文化的印迹，所以人们说汉字是古代文化的活化石。当今世界，从形体构造上能表现古代文化信息的文字，大概只有汉字了。

汉字的文化特性还有一个作用，就是在国际汉语教学上可以帮助外国学生学习汉字。

第二节　汉字文化在汉字教学中的应用

1. 汉字文化有助于汉字教学

汉字的文化特性可以帮助学生理解字义，记住字形。例如：前面讲的"美"字，学生明白它的文化义，就会理解为什么它的上面是

"羊",下面是"大";明白了"家"字的文化义,就会理解为什么上面是"宀",下面是"豕";明白了"祭"字的文化义,就会理解为什么字形由"肉、又、示"三部分组成。明白了"牺、牲"二字的文化背景,也就理解了为什么现在说"牺牲"大都指人,但是字形的偏旁却是"牛"。明白了"鬼""神"二字文化背景,也就理解了两个字的形体构成。理解了字的文化义,理解了字形的来龙去脉,记忆就会比较牢固,写字也会有所依据。在国际汉语教学中,我们应该充分利用汉字的文化特性,让外国学习者通过学习汉字了解文化,通过了解文化帮助汉字学习。

下面举几组同一偏旁表示相同文化义的字,教学时可以系联起来相互印证。

(1)"纟(糸)"旁表示颜色的字。汉字中有一些表示颜色的字是"纟(糸)"旁,例如"红、绿、紫"等。这些字原本是丝帛的颜色。《说文解字》:"红,帛赤白色。""绿,帛青黄色也。""紫,帛青赤色。""帛"就是丝织品。中国人很早就开始养蚕缫丝了,丝染业也很发达,那时人们就用丝帛的颜色指称部分颜色,同类的字还有"素、绛、绯"等。

(2)"贝"旁表示钱财的字。汉字中有许多表示钱财的字是"贝"旁,例如"费、财、购、货、贫、赌、贪、赏、资、贬、赔、赚、账"等。商朝时贝是货币,孔颖达《尚书·盘庚中》疏说:"贝者,水虫。古人取其甲以为货,如今之用钱然。"(贝,是水中的动物,古人取它的甲壳用作货币,如同今天用的钱一样。)

(3)"王(玉)"旁表示珍宝的字。汉字中有一些表示珍宝的字是"王(玉)"旁,例如"珠、宝、珍、玲、琳、琪、璧、环、莹、瑞、珏、碧"等。中国人崇尚玉文化,古时候玉器是国家重器,也是珍贵饰品。在安阳殷墟妇好墓里,出土青铜器468件,玉器755件,可见当时玉器的地位。妇好是商王的妻子,也是著名的女军事家。

古人用玉的晶莹温润、纯洁高雅比喻君子的品德，《礼记·玉藻》："君子无故，玉不去身，君子于玉比德焉。"（君子没有特殊原因，佩玉不离开身体，君子的德行可以和玉相比。）那时候人们生前要佩戴玉，死后也一定要用玉来陪葬。进入父系社会，"玉"又印上男尊女卑的社会文化痕迹，《诗经·小雅·斯干》："乃生男子，载寝之床，载衣之裳，载弄之璋。"（生男孩子，把它放在床上，给他穿好的衣裳，让他手里拿着玉玩耍。）"璋"是一种玉，把璋给男孩子玩，是希望他将来能当官。

老师在讲解这类字的时候，和它们传载的文化信息结合起来，可以增强学生对字的理解和记忆，增加汉字学习的趣味性，同时传播中国悠久的文化历史。最典型的是前面讲过的"法（灋）"字，"法（灋）"字最早见于西周早期铜器铭文，写作 ，由可以辨别曲直的神兽"廌"、表示公平的"水"和表示离开的"去"字组成。"法（灋）"字的构形说明中国古代很早就有法律观念了，而且希望执法公平，但是那时候的法律也充斥着神话的色彩。学生在学习"法"字时，了解其文化信息和形体演变过程，就会记得住，记得牢。

再如"鼓、彭、喜"字。"鼓"最早写作 、 （壴），下面是支架，上面是装饰，有的装饰比较繁复。鼓是中国古代重要的乐器，祭祀或庆典时都要击鼓，于是就有了手持鼓槌的 （鼓）字。"鼓"击响后发出鼓声，于是就有了 （彭）字。听到鼓声人们会高兴地开口笑，于是就有了 、 （喜）字。

"婚、妻、妥"字。"婚"字，前面讲过了，有"昏"字旁，意思是婚礼在黄昏时分举行，源于上古的抢婚制。"妻"字，前面也讲过了，字形是一只手抓着女人头发，表示抢女人为妻子，也源于上古的抢婚制。"妥"字，甲骨文写作 ，上面是"爪"，下面是"女"，像用手抚摸女人头部，这是抢回家以后，表示安抚之意。

了解汉字的文化特性还可以避免写错字，例如：

"示"字，甲骨文写作 ⊥，也有简写为 丅 的，像祭祀用的石柱或者木牌，即神主之形。前面说了，商朝人迷信，凡事都要占卜，他们的祭祀的活动也极为频繁。有祭祀上帝的，祭祀风、雨、日、山、水等自然神的，祭祀祖先的等等。《左传·成公十三年》："国之大事，在祀与戎。"（国家的大事，就是祭祀和战争。）祭祀时要立石柱或木牌充当神主，这就是"示"字的来源。许多有"示（礻）"旁的字现在都还保留着古代的祭祀文化和鬼神的观念，例如：

"礼（禮）"字，甲骨文写作 ，下面是"鼓"，上面是两串玉，古人举行仪式时常用鼓与玉。后来为了强调祭祀义，又加了"礻"旁写作"禮"。

"祖"字，甲骨文写作 ，一说是雄性生殖器，一说是祭祀祖先的牌位，不管哪一种都跟家族繁衍有关。后来为了强调祭祀义，加"礻"旁写作"祖"。

此外，还有"神、宗、祭、祀、祈、祷"等字。"福、祸、祥、禄"之所以也有"示（礻）"旁，意思是这些都是上帝赐予的。

有一些"示（礻）"旁的字，现在似乎跟祭祀和鬼神没有关系，如"社、禁、祝、宗"等，其实它们的本义都跟祭祀或者鬼神有关："社"是土地神和祭祀土地神的地方，"祝"是在神主前祝祷，"禁"是指对凶祸的避忌，"宗"是放置祖先神主的房屋。

学生明白了"示"的文化义，知道"示（礻）"旁的字大都跟古代祭祀和鬼神有关，就不会把"礻"旁错写成跟衣服有关的"衤"旁，同样，也不会把"衤"旁的字错写成"礻"旁。

汉字经过几千年演变，虽然字形字义有了很大的不同，但是文化印迹一直存在。这种文化特性对汉字学习，特别是外国学生的汉字学习很有帮助。

不过有一点要说明，在国际汉语教学中，有些字的文化义不宜讲解，例如"然"字，前面说了，由"犬、肉、火"组成，本义是用火烤狗肉，后来借为然否之"然"。这个字不要讲它的本义，更不要把古文字形体 ![字形] 列出来。原因大家都知道，在一些外国文化里，狗是人最好的朋友，甚至是家庭的成员。再有就是一些"女"字旁的字带有负面的意思，如"奸、婪、嫉、妒、妯、嫌、妖、妄、嫖、妓、娼"等，这些字讲解时一定要注意方式。

2. 汉字文化有助于词汇教学

在国际汉语教学中数量最多、难度最大的是词汇教学，这里说的主要是双音节词汇。教育部和国家语委制定的《汉语国际教育用音节汉字词汇等级划分》中的11092个常用词中，单音节词有1672个，占15.07%；三音节词数量很少，只有588个，占5.30%；双音节词则最多，有8382个，占75.57%。

词的形成也多是有理据、有文化本源的。上古时期以单音词为主，单音词本义都与其文化背景有关。魏晋以后双音词增多，双音词形成之后，人们逐渐忽视词的文化本源。现代的汉语词典对词语的解释往往只是词的整体义，很少从词源上做分析讲解。而国际汉语教材，则一般只有母语和目的语的对译，缺少词语构成的理据性分析。

如果只是依照词的整体义学习汉语词汇，对于没有中国文化背景的外国汉语学习者来说是相当困难的。他们要花大量的时间反复记忆，即便记住了，也不知其所以然。王力（1986）说："要了解一个合成词的意义，单就这个词的整体去理解它还不够，还必须把这个词的构成部分（一般是两个字）拆开来分别解释，然后合起来解释其整体，才算是真正彻底理解这个词的意义了。"①

---

① 王力（1986）实用解字组词词典序，周士琦《实用解字组词词典》，上海辞书出版社。

如果能从文化本源方面有理据地讲解词语，外国汉语学习者，特别是长于理解性记忆的成年学习者就容易明白。下面看几个例子。

"斗争"，《现代汉语词典》（第7版）释义："矛盾的双方互相冲突，一方力求战胜另一方。"国际汉语课本生词表给出的注释是"fight"。

"斗（鬥）"甲骨文写作 ，像两个披头散发的人双手相搏，本义是"对打，争斗"。"争"甲骨文写作 ，像两只手争夺一件东西，本义是"争夺，争斗"。古书中二字连用，表示"争斗"。《吕氏春秋·安死》："是非未定，而喜怒斗争反为用矣。吾不非斗，不非争，而非所以斗，非所以争。故凡斗争者，是非已定之用也。"（是非还没有确定，而喜怒斗争反都用上了。我不反对斗，也不反对争，但是反对不明所以的斗、不明所以的争。因此凡是斗争，都是是非确定以后才采用的。）

如果把"斗争"分开来讲，讲解每个字含义和构字理据，然后讲它的构词理据，教学效果要比只是让学生记住英文的"fight"要好得多。

"寒暄"，《现代汉语词典》（第7版）释义："见面时谈天气冷暖之类的应酬话。"国际汉语课本生词表给出的注释是"greetings"。

"寒"西周铜器铭文写作 ，像人在室内，身上盖着草，身下垫着草，脚下是冰，本义是"寒冷"。"暄"，《广韵·元部》："暄，暖也。""暄"字有"日"字旁，本义是"温暖"。古书中二字连用，表示"冷暖"，引申为"问候起居冷暖"。宋陆游《南唐书·孙忌传》："忌口吃，初与人接，不能道寒暄。"（孙忌说话结巴，与人初次接触，不能说问候冷暖的话。）

如果把"寒暄"分开来讲，讲解每个字的含义和构字理据，然后讲它的构词理据，不只是教学效果比只记住英文"greetings"好很多，而且还可以避免写错字。"寒暄"的"暄"常常被错写为"喧"，中国人也写错，是因为不明白"寒暄"一词的来源，以为说应酬话，应该是

"口"字旁。

"改革",《现代汉语词典》(第7版)释义:"把事物中旧的不合理的部分改成新的、能适应客观情况的。"国际汉语课本生词表给出的注释是"reform"。

"改"字,甲骨文写作 ,像手里拿着棍棒打跪着的小孩子,意思是纠正孩子的错误。①《说文解字》:"改,更也,从攴己。李阳冰曰:己有过,攴之即改。"(改,意思是变更。"攴"和"己"合起来表示字义。李阳冰说:己有过错,轻轻打他可以改过。)古文字"攵""攴"为一字。"改"本义为"改变,变更"。《周易·益卦》:"君子以见善则迁,有过则改。"(君子见到好的要学习,有了错误要就要改正。)"革"字,甲骨文写作 ,像在为兽皮除毛,加工整治兽皮。《说文解字》:"革,兽皮治去其毛,革更之。"(革,意思是兽皮除去它的毛,改变它的形状。)"革"由"加工兽皮"引申为"改变,变革"。《左传·襄公十一年》:"善则赏之,过则匡之,患则救之,失则革之。"(好的就要奖赏,过头的就纠正,有危难就要救助,有错失就要改变。)古书中二字连用,表示"变更,革新",《晋书·志第十六》:"汉钱旧用五铢,自王莽改革,百姓皆不便之。"(汉朝原用五铢钱,自王莽改革钱币,百姓使用皆不方便。)

如果把"改革"分开来讲,讲解每个字的含义和构字理据,然后讲它的构词理据,教学效果自然是比只是让学生记住英文的"reform"好很多。

这样的讲解开始的时候会觉得有些麻烦,费时费力,但是到了后面接触到相关的词语时学生就容易理解,可以触类旁通,省时省力。例如:讲了"改革",以后遇到"改变、改善、改正、改良"等词语,讲解时就会容易许多,而且有助于词义辨析。容易讲解的常用词语还有

---

① 曹先擢、苏培成(1999)《汉字形义分析字典》155 页,北京大学出版社。

"败坏、帮忙、帮助、关键、规矩、汗青、竞争、领袖、矛盾、善良、首领、题目、战争、斟酌、爪牙"等。

当然，也有一些词语词义古今变化很大，很难讲清楚造词理据，例如"容易""服务"等，这些"分则无解，合则义存"[①]的词语，只能让学生死记硬背，不可臆说。

本章小结

中国有五千年的文明史，汉字是世界上唯一使用了几千年仍然在使用的文字。几千年来，汉字保存了许许多多古代文化的信息，比如从甲骨文的"鬼、神、祭"等字可以看到上古时期的宗教观念，从"美"字可以看到当时的审美意识，从"年、家、牢"等字可以看到当时的农业生产和畜牧业的发展等。汉字的文化特性在国际汉语教学中可以帮助汉字学习，通过讲解汉字文化义，让学生明白构字的理据，增强对字形、字义的理解和记忆，也可以避免写错字。教学中如果能把一些文化义相关的字系联起来讲解效果会更好。不过，在利用汉字的文化义帮助学习的同时，也要注意由于文化的差异，有些字不宜讲解，有的字讲解要注意方式。汉字文化也可以用于词汇教学，词的形成也是有理据的，现代的汉语词典对词语的解释往往只是词的整体义，很少有从词源上做分析讲解。国际汉语教材也是如此，只有母语和目的语的对译，缺少词语构成的理据性分析。这对缺乏中国文化背景的外国人来说学习起来会有很多困难。如果教材能从文化本源方面有理据地讲解词语，讲解双音节词语文化源流，就会帮助词汇学习，避免误解和错用。

---

① 王宁（1995）汉语词源的探求与阐释，《中国社会科学》第 2 期。

思考题

1. 为什么说汉字是中国古代文化的活化石?
2. 如何利用汉字文化帮助汉字教学?
3. 利用汉字文化进行汉字教学要注意什么?
4. 如何利用汉字文化帮助词汇教学?
5. 利用汉字文化进行词汇教学要注意什么?

参考书目

赵诚(2000)《甲骨文与商代文化》,辽宁出版社。

王立军(2012)《汉字的文化解读》,商务印书馆。

王贵元(2005)《汉字与文化》,中国人民大学出版社。

韩伟(2010)《汉字字形文化论稿》,世界图书出版公司。

何九盈、胡双宝、张猛(1995)《中国汉字文化大观》,北京大学出版社。